心はどこへ消えた？

東畑開人

文藝春秋

目次

秋　123

冬　175

また、春　217

あとがき　248

心はどこへ消えた?

ちょっと長めの序文
心はどこへ消えた？——大きすぎる物語と小さすぎる物語

—Ⅰ—
サーカスの裏で

1年間の週刊連載が終わって、ホッと一息ついたところ。まるで舞台から降りて、楽屋に戻ってきたときのような、静かな感じ。

実際には観客の前に出るような仕事ではない。化粧をして、衣装に着替えて、文章を書いていたわけではない。朝は自宅の書斎で、夕方は最寄りの喫茶室ルノアールで、ひとりコツコツ、パソコンのキーボードを叩いていただけだ（今もルノアールでこれを書いている）。

それでも、毎週の締め切りに追われる日々には、どこかサーカス的なところがあった。多忙な読者たちがスキマ時間に手に取る週刊誌なのだ。エッセイは楽しくないといけないし、ちょっといい話であった方がいい。ひとつまみでもいいからワンダーな感じが欲しい。

成功したかどうかは別として、サーカスみたいにカラフルな連載をしたいと思っていた。そのために狂言回しの「バジー東畑《とうはた》」を創造し、毎週毎週舞台に上がってもらうことになった。そんな1年だった。

だけど、幕は下りた。バジーさんの出番は終わった。化粧を落として、衣装を脱ぐ。素に戻る。

さあ、ここからは裏方の仕事。

そう、裏の話をしておきたい。

連載を一冊の本にまとめるためには、背骨が必要だ。バラバラのエッセイたちをふんわりと包み込むコンセプトが必要だ。

だから、お気楽なエッセイたちの裏側で、私が何を考えていたのかを最初に書いておきたい。紆余曲折があったから、少し長くなるかもしれない。できるだけ平易に書こうと思っているけど、理屈っぽい話もちょっとはするだろう。歴史的な事情にも触れることになるはずだ。舞台裏には、臨床心理学者としてのそれなりにマジメな思惑もあったのだから、許してほしい。

とはいえ、息抜きのためにこの本を手に取った読者たちの中には、堅苦しい話は勘弁と思われる人もいるかもしれない。大丈夫。そういう方はこの長い序文はスキップしてもらっても全然構わない。

ページをめくって、サーカス的なエッセイから読み始めていただければと思う。裏事情なんか知らずとも、楽しんでもらえたなら、エッセイとしてはそれで十分なのだ。

だけど、もしすべてを読み終わった後にここに戻ってきて、種明かしに付き合ってもらえたなら、こんなに嬉しいことはない。裏までわかってもらえたとき、人は本当にわかってもらえたと感じるものなのだ。

いずれにせよ、とりあえずは裏話から始めよう。裏方が舞台裏の裏事情についてうららかに語る。結局のところ、この本のテーマは「裏」にあるのだから、そういうやり方が合っていると思うのだ。

―Ⅱ―
これはコロナ本ではない

この本は2020年5月から2021年4月にかけて、週刊文春で連載した「心はつらいよ」をまとめたものだ。

言うまでもなく、それは新型コロナウィルスに翻弄された1年だった。

深刻な影響があった人もいれば、軽微な影響で済んだ人もいたと思う。だけど、コロナとまったく関係なく過ごせた人は一人もいなかったはずだ。それは「みんな」の問題だった。

この連載も例外ではない。依頼があったときは、せっかく週刊文春に書くのだから、世の芸能ニュースをバッタバッタと切っていく痛快な心理学エッセイを連載しようと思っていた。だけど、コロナによって、社会が急速に変化していく中で、どうしてもそういう気持ちにはなれなかった。

危機のさなかだからこそ、心に何が起きているのかを書くべきだ。心理士としてそう思った。ペストが流行した時代、ニュートンは田舎に避難して、万有引力の法則を発見した。彼はその時期を「創造的休暇」と呼んだという。

だけど、心理士はそんな悠長な休暇をとってはいられない。俺は臨床家なんだから、渦中に巻き込まれながら、その渦中について考えるのが仕事じゃないか。そう思った。

だから、本当は5月の連休明けから書き始めればよかった原稿に、急遽4月の頭にはとりかかった。熱に浮かされたようにコロナについて書き始めた。異例なことに、この連載は前倒しで始まったのだ。

だけど、これはいわゆるコロナ本ではない。この本のタイトルは「コロナ禍の心」でもなければ、「コロナの心理学」でもない。

もしかしたらそうなった可能性もあったかもしれないけど、そうはならなかった。

なぜなら、コロナについて書き続けているうちに、本当の問題は別のところにあったと気がついたからだ。

チーズは見つかった

人と人とが会えなくなり、一緒に居られなくなった。つながりが失われ、それぞれの場所に隔離された。そして、それでもつながるために、私たちはオンラインに頼った。

コロナ禍で心はどうなってしまったのか。心は何を失い、何を失わなかったのか。私はそういうことを無我夢中で書き綴っていった。


しかし、ネタはすぐに尽きた。5話書いたところで薄々気がつきはじめ、10話書いた段階で完全に自覚した。もう書くことがない。まだ夏になったばかりの頃だった。

もちろん、それでも締め切りはやってくる。なにがしかは書かれねばならぬ。だから、もはやコロナと関係なくてもいい。とにかく心に関わるなにがしかを毎週毎週ひねり出さねばならぬ。

心はつらいよ。連載のタイトル通りだった。

心理学には本当にたくさんの論文や本があって、理論や知識はあふれている。それなのに、どのテーマも現代の読者たちに響くようには到底思えなかった。この時代に切実な心の話とはなんなのか。まるでわからなかったのだ。

ヒントが欲しくて、新聞を読んだり、テレビを見たり、SNSを巡回したりもした。だけど、そこにあったのは、政治とか経済とかのとてつもなく大きな話ばかりで、心を描くための小さなエッセイで扱えるようなことではなかった。

おかしい。心が見つからない。心はどこへ消えた?

心を探し続ける日が続いた。

チーズは冷蔵庫の下段で見つかった。だけど、心は冷凍庫の中にも、ソファの下にも、クローゼットの奥にも見当たらない。クラウドストレージの隅々まで検索してみたけど、やっぱり、ない。いくら探しても、ない。

苦しいその場しのぎを続けた。それも限界があった。だから、ある日とうとう腹をくくった。

これだけ探しているのにないのだ。そもそも存在していなかったに違いない。俺のせいじゃない。そうだ、もう心はないのだ。

開き直る。すると、心を見失って迷子になっていた思考が、少しだけ前に進む。なすべきは、「コロナ禍の心」を書くことではなかったのだ。問題は心が存在しないことそのものだ。

心はどこへ消えた？

これこそが本当に書かれるべきテーマだったのだ。

そういうことがわかってきたときには、もう連載は後半に差し掛かっていた。季節は秋から冬へと移ろうとしていた。

—III— 大きすぎる物語

「ちょっと待ってくれ。心が消えたって、いったい何を言っているのだ？」

当然のことながら、そういうツッコミが入ることだろう。

もっともな疑問だ。あなたは昨晩不安を感じていたかもしれないし、今朝は比較的気分がよかったかもしれない。今はこの本を読みながら、「ちょっと待ってくれ」と思ってる。それらはすべて心の働きだから、そういう意味では心は確かに存在する。消えていない。

それでも私は「心は消えた」と言いたい。

どういうことだろうか。


私たちは「パンデミック」の1年を過ごした。

Pandemic、それはギリシャ語のPan（すべて）とDemos（人々）をくっつけた言葉だ。字義通りに取るならば「みんな」という意味になる。しかも、厳密な意味での「みんな」だ。ありとあらゆる人々に関係するということなのだ。

だとすると、パンデミックとは「大きすぎる物語」のことになる。


2020年の私たちは大きすぎる物語に振り回されることになった。

世界中が同じウィルスに襲われ、同じ不安におびえ、同じ脅威に立ち向かった。みんながみんな、同じ物語に取り巻かれた。

たとえば、毎日発表される感染者数はその好例だ。数字が大きくなれば悪で、小さくなれば善。それはアンパンマンよりもシンプルな物語で、そしてシンプルであるがゆえに強力な物語になった。

大昔の人々が、焼いた亀の甲羅に刻まれた曲線から神意を読みとり、コミュニティの舵取りを決めたのと同じだ。私たちは感染者数のグラフ曲線から、社会の舵取りを決めることになった。

暴風が吹いた。数字が変化して、グラフの角度が変わるたびに、社会は一変し、みんなが同じ行動をとることになった。

私たちは一斉に自粛して、一律にお金を配られた。すべての学校が休校になり、すべての飲食店が8時に閉まった。みんな同じようにマスクをして、みんなでトイレットペーパーの買いだめに走った。そして、大挙してワクチンを打ちに押し寄せた。

大きすぎる物語は、私たちを「みんな」へと束ね上げる。そのとき、個人は群れの一員として扱われ、心を一つにするよう求められる。

社会を防衛するためにはしょうがなかった。生命を守るためには必要なことだった。それはわかる。大きすぎる物語には有無を言わせないだけの説得力がある。

だけど、そのとき、小さな物語たちが吹き飛ばされてしまったのもまた事実だ。グラフに表れる数値を一つ一つ分解していくならば、そこには小さな物語たちがあって、それこそが私たちの人生の単位だったはずなのに。

同僚二人と飲み会に繰り出して全員感染する。それはグラフ上、「3」という数字にしかならない。

だけど、そこには本当は小さな物語がある。彼らにはリスクがあるとわかっていても、飲みにいかざるをえない複雑な事情があったはずだし、感染したことで家庭や職場では複雑な顚末《てんまつ》が生じたはずだ。そういうところにこそ、私たちの心の物語がある。

しかし、大きすぎる物語は、小さな物語を想像することをとてつもなく難しくする。正論に異常なほどの強い力が宿るから、例外とか個々の事情とか、そういう弱々しい声で語るしかない物語たちは一掃されてしまうのだ。

みんなの心を一つにしようとするならば、一つ一つの心はかき消されてしまう。

否定のあとで

心とは何か。

連載を書き進めるに従い、私は次第にそういう根本的な問題を考えるようになった。

すると、これまで自分が「心とは何か」をきちんと考えたことがなかったことに気がつく。普段心理士として心を扱う仕事をし、大学教員として心についての講義をしているというのに。

わからないことがあったときは、まずは事典を引いて、定義を確認する。昔そう習ったし、学生にもそう教えているから、私も図書館に行って、心理学の専門的な事典を調べてみることにした。

すると、驚くべきことがわかった。心理学の事典にはそもそも「心」という項目が存在していなかったのだ。図書館に置いてあった事典をすべて見てみる。やっぱりどこにも「心」がない。おかしい。心はどこへ消えた？

ふしぎなことだ。宗教学事典には「宗教」の項目がある。文化人類学事典には「文化」の項目がある。当然だ。学問は基本、対象とするものをきちんと定義してから出発する。それなのに、心理学事典には「心」の項目がない。心についてきちんと考えたことのない心理学者は私だけではなかったのかもしれない。


だけど、ただ一つだけ、書棚の片隅に置かれていた古ぼけた小さな事典にだけ、「心」の項目があった。そこにあったのはたった一行だけの短い定義。

体・物の反対。

笑ってしまう。これじゃ何も言っていないのと同じじゃないか。

すぐに思いなおす。いや、笑えないんじゃないか。

体・物の反対。つまり、心は体でもなく、物でもないもののことである。

心が否定形で定義されている。これは深遠な洞察なのではないか。

ここがこの本でもっとも理屈っぽいところになる。少しハードだと思うが、ついてきてほしい。

たとえば、頭がひどく痛いとき、あなたはまず病院にいくはずだ。そこで、脳の写真を撮り、血液の検査をする。その結果、「体には異常はない」と診断される。そのとき初めて、あなたはその頭痛の原因が心にあるのではないかと考え始める。

あるいは、カウンセリングを受ける時だってそうだ。カウンセリングは何か困ったことがあったとき、最初に選ばれる場所ではない。クライエント（相談者）たちはまず自分の問題を自分でなんとかしようとする。体調が悪いせいではないかと思い、休みを取り、生活習慣を変えてみる。環境が悪いせいじゃないかと思い、引っ越ししたり、転職したりするかもしれない。あるいは霊のせいだといって、お祓《はら》いに行ったりする人もいるかもしれない。

それでもどうにもならなかったとき、「心の問題」が可能性として浮かび上がってくる。そうなってようやく、渋々カウンセリングの予約を取ることになる。

そう、心は否定の後に現れる。

体のせいでもなく、物のせいでもない。お金がないせいでもなく、組織が悪いともいえない。社会だけのせいにも、環境だけのせいにもできそうにない。そういうときに、心を問題にせざるをえなくなる。

あるいは、こうも言える。みんなが言っていることに納得がいかない。親にも同僚にもパートナーにもわかってもらえない。きわめて個別の、自分にしかわからない事情がある。そういう他者とは異なる自分だけの孤独に、心が宿る。

心とはごくごく個人的で、内面的で、プライベートなものだ。それはあらゆるものを否定した後にそれでも残されるものなのだ。心は旅の始まりではなく、終わりに見つかる。

だから、小さな物語こそが、心の場所になる。物事をシンプルに割り切ろうとする大きな物語を否定したところに心が現れるのだ。

そうじゃないか。

私たちは複雑な話を、複雑なままに聴き続けたときに、その人の心を感じる。あるいは複雑な事情を複雑なままに理解してもらえたときに、心を理解されたと感じる。表だけではなく、裏まで含めてわかってもらうと、心をわかってもらえたと思える。

コロナの前から

コロナの1年に起きていたのはこれだ。

大きすぎる物語が小さな物語をかき消してしまった。だから、心が見つからない。

連載が終盤に入った頃になって、ようやく問題の構図が見えてくる。すると、気がつく。「コロナが終わっても、心は消えたままなんじゃないか」私は思い出す。「だって、コロナの前からそうだったじゃないか」

確かにコロナは近年では最大級の大きすぎる物語をもたらした。その風圧はすさまじかった。だけど、コロナのひと吹きによって、心がすべて消し飛んだわけでは全然ない。コロナは最後の一押しになったかもしれないけど、原因のすべてではない。それはコロナがなくても、いつかは露《あら》わになったことなのだ。

思い出してほしい。コロナ以前から、私たちは大きすぎる物語に包囲されてきたではないか。風は徐々に強まっていた。その間に私たちは風除《よ》けを失い続けてきた。

この20年で、小さな物語は損なわれやすくなり、心は少しずつ少しずつ侵食されてきたのだ。

だからやっぱり、この本はコロナ本ではない。

黒幕はコロナの裏にいる。この20年の間に、私たちの社会に起きていた地殻変動こそが問題だ。

視野を広げなくてはいけない。

心はどこへ消えた?

—Ⅳ—
バスは行った後

本当は話を1995年から始める必要がある。その年に心の時代が終わり始めたからだ。だけど、それを書き出すと地震とか宗教とかについて触れなくてはならず、もう一冊本が必要になってしまうから、ここでは話をシンプルにしておきたい。

1999年から始めよう。それは私が臨床心理学を志した年なのだから、とりあえずそれまでは「心の時代」だったということにしておこう。本当はそんなに単純ではないのだけど、ややこしい話なのだからしょうがない。

かつて、つまり1999年以前には、心はキラキラと輝いていた。

河合隼雄という臨床心理学者は「物は豊かになったが、心はどうか？」と問いかけて、心に裏があり、深層があることを魅力的に語っていた。それが多くの人の心を打った。

「本当の自分とは何か？」とか「生きる意味とは何か？」とか「私とは何か？」という問いには魅力があって、人々は外界とはまた別の価値を内面に探し求めた。実際、当時は「自分探し」の旅に出ることにはカッコよさがあったし、テレビでは心理テストの番組が放送されることもあった。

なにより臨床心理学は大人気だった。心の深層を語る本は一般書の棚でもよく売れていたし、事件が起これぱメディアに臨床心理学者が呼ばれて「心の闇が」云々と語っていた。大学の心理学科は高倍率で、「臨床心理士」という資格もできた。心の仕事が少しずつ社会に広がっていった時期だった。


私が臨床心理学を学ぼうと決めた頃には心の時代は終わりかけてはいたけれど、それでも心がキラキラしていた時代の余韻はあった。だからこそ、私は臨床心理学を選んだのだろうし、家族が進路を反対することもなかった。親戚のおじさんに至っては「すごいやん、これからは心の時代やから、儲かるんとちゃうか」と嬉しそうに言っていた。楽観的だったのだ。


しかし、本当のところ、バスは行った後だった。

私が大学に入ったのは2001年で、大学院に進学したのが2005年。臨床心理士の資格を取ったのが2008年で、博士号を取って大学院を出たのが2010年。その後、私は病院やカウンセリングルームで、心の仕事をしてきた。

その20年、私は徐々に心が逆風にさらされていると感じるようになった。かつてキラキラしていた心は、今ではほとんど人々の関心を集めることがなくなっていたのだ。

実際、心理学の本は専門書の棚にしか置かれなくなったし、事件が起きたときに語られるのは「心の闇」ではなく「社会の歪《ゆが》み」だ。心理学科の人気は落ちて、定員割れの大学院もたくさん出てきた。「本当の自分」を見つけたとしても、「それで食っていけるの？」と身も蓋《ふた》もないことを言われてしまう。

そしてなにより、カウンセリングの凋落《ちょうらく》！

心の深いところを探索する心理療法は、かつては称賛されていたけれど、今では多くの批判にさらされるようになった。

密室で二人、ナイショの話をするのは危険ではないか。時間がかかりすぎる。コスパが良くない。さまざまな批判があり、それらには確かに一理あった。

その代わりに、グループになってみんなで苦しいことをシェアするやり方や、目標を明確にして、短期で効果を出すやり方が支持を集めるようになった。心の深層の魅力はひどく色褪《いろあ》せてしまった。

それだけじゃない。心をケアするために、内面ではなく、外界を整備することの重要性が強調されるようになった。たとえば、住まいを提供したり、生活費を支給したり、労働環境を変えたり、問題は心ではなく、環境なのだと言われるようになった。メンタルヘルスの最前線は、経済的・社会的な問題へと移っていったのだ。

おお、あわれな心。

かつてキラキラと輝いていたのに、今では厄介者になってしまった心。

「本当の自分」が「それで食っていけるの？」と言われてしまうように、心にこだわっているのは未熟な証《あかし》で、現実を無視した危険なことに見られるようになってしまったのだ。

なぜだろうか？　何が起きたのだろうか？

リスクは豊かになったが、心はどうか？

いろいろな答え方があると思うし、実際のところさまざまな要素が絡まりあった複雑なことが起きていたのだと思う。それでも、もっともシンプルに語ろうとするのであれば、私はそれを日本社会が貧しくなったせいだと言ってみたい。

そう、「物は豊かになったが、心はどうか」というあの言葉には深い洞察があったと思うのだ。

心の時代、日本は豊かだった。「ジャパン　アズ　ナンバーワン」と言われたように日本経済は絶好調で、世界第2位の経済大国にまで上り詰めていた時代だった。

それでいて、「一億総中流」という言葉が流通していたように、格差も小さかった。もちろん、実際にはさまざまな格差や差別があったのだが、それでもそういう幻想をもてるくらいには、社会が安定していたということなのだろう。

だからこそ、安心して物を否定することができたのだ。否定しても、決して壊れないくらいに、社会は豊かだった。そういう時代だったから、人々は安心して内面へと関心を向けることができたのだ。

心は物の反対である。ただし、そのためには物が「確か」でなくてはならぬ。

だけど、そういうリアリティは消えてしまった。

今でもお店に行けば物はたくさん並べられている。物自体は溢れている。でも、社会が豊かだとはとても思えない。

実際、不況が続き、経済は停滞した。グローバル経済に巻き込まれることで、格差は広がり、雇用は劣化した。詳しく書かなくても、読者たちもよくよくご存知のことと思う。この20年で私たちの社会は貧しくなり、ひどく不安定な場所になった。

今、豊かなのは物ではなく、リスクだ。私たちはあらゆるところにリスクが潜んでいる世界で、自己責任を背負って生きていかないといけない。

「リスクは豊かになったが、心はどうか」これこそが現代のリアルだ。

もはや物は「確か」ではない。社会は貧しい。外界はとても危険な場所になってしまった。するど、心は消滅してしまう。心は暴力にさらされたり、危険に取り囲まれると、フリーズしてしまう。あるいは外界のことを警戒し、モニターし続けているときには、内面のことなんて考えていられない。

心とは「私」の中の鍵のかかる個室のことなのだ。周囲から脅かされることなく、そこに安心して一人でいられるときに、私たちは初めて自分を振り返ることができる。内面を感じることができる。心とは外界が安全なときにのみ可能になるものなのだ。

社会は貧しくなった。リスクだけが豊かになった。安全な個室は脅かされやすくなった。だから当然、心の支援も内面ではなく、環境に向かうことになる。心の問題は経済的で社会的な問題になる。

いじめが起きていたなら、いじめられた子どもの心をどうこうする前に、まずはいじめそのものを止めないといけない。環境をそのままにしておきながら、心だけを何とかしようとすると、それはいじめに加担する新たな暴力になってしまう。

心の個室を可能にするために、まずは外界を安全な場所にするよう整備しなくてはいけない。心の内側ではなく、外側をケアする。それがリスクに満ちた世界の最重要課題になったのだ。

個は脆弱になった

あまりに話をシンプルにしすぎたかもしれない。豊かさが失われたことにだけ、心が消えた理由を求めるのには無理がある。この20年はさまざまな変化が起きて、それらは複雑に絡まりあってきたのだ。

だけど、結局のところ、個人が脆弱《ぜいじゃく》になってしまったことが問題の本質だと私は思う。今私たちの個は脅かされていて、心の個室を維持することが難しくなっている。

もしかしたら意外に思われるかもしれない。この20年、世の中では「個人の時代だ」と言われ続けてきたからだ。

確かにそういう側面もあったと思う。経済的には個人でお金を稼げる人が増えたのは事実だ。だけど、それは逆に言えば、個人がマーケットという大きすぎる物語に剝《む》き出しでさらされる世の中になったということだ。個人の時代とは個人でリスクを引き受けねばならない時代なのだ。

心の時代はまだ牧歌的だった。その頃、個人は直接リスクにさらされないように守られていた。当時「護送船団」という言葉があって、悪い意味で使われていたけど、実際のところ人々は大船たちの船団に守られて生きていた。私たちは会社とか学校とか組織とか、なんらかの大船に所属して、そこで乗組員として人生を航海していた。大船は風除けとなり、波から私たちを守ってくれた。個人が失敗しても、みんながリスクをシェアしてくれた。

もちろん、そこには大量の不自由があった。大船には大船のルールがあって、みんなで一緒に航海をしているわけだから、小舟のように自由にはいかない。

だからだろう。心の時代とは、「ポストモダン」という言葉と共に（覚えておられるだろうか？）、「大きな物語の終焉《しゅうえん》」が盛んに語られていた時代でもある。

「科学が世の中をよくする」とか「いい大学に入り、いい会社に入れば幸せになれる」とか、世の中のみんなが共有している物語には賞味期限が来ている。だから、それぞれがそれぞれの小さな物語を生きるべきだ。そう語られていた。

そこには切実な理由があった。科学は地球を汚染しているし、いい会社に入っていい給料をもらえたとしても、満員電車にすし詰めにされ、深夜まで働き続け、家族にそのしわ寄せを押し付けているのでは幸せとは言えないじゃないか。

大船にガタがきていた。そこに暴力があったことが可視化され始めていた。大船によって、傷つけられているものが大量にあったのだ。だから、人々は小舟に憧れを抱いた。世間とか組織の価値観を離れて、「いかに生きるか」を自分で決める。小さな物語はその頃、解放の物語だったのだ。だから、心はキラキラと輝いていた。

小さすぎる物語

それから20年経った。もはや小舟で航海することは解放でも何でもない。望んでいようといまいと、誰もが小舟で生きざるを得ない世界になったからだ。もう守ってくれる大船は存在せず、みんな小舟で大海に放り出されるようになった。

私たちは自由になったのかもしれない。確かに私たちは嫌になれば、どこへでも出ていけるようになった。だけど、本当のところ、私たちが感じているのは自由の心地よさではなく、脆弱さであり、不安だ。大船に守られることのないままに、大海原の圧倒的な力に脅かされているからだ。大きすぎる物語に私たちは剝き出しでさらされている。

こういうことだ。

この20年で、大船は解体された。つまり、中間共同体が解体された。人々は個人化していった。小舟で航海するようになった。それが多くの良きこともたらしたから、私たちはもう昔には戻れない。

だけど、大船の外にあった巨大な力が個人に直接襲い掛かるようになったのも事実だ。マーケットが、資本が、そして人類を等しい存在として扱う生物学が、つまりローカルな文化を破壊して、グローバルに流通する力が、身も蓋もない大きすぎる物語を突き付けるようになった。

私たちは「それで飯が食えるのか？」と問われてきた。「コスパが悪くないか？」と問われてきた。あるいは「エビデンスはあるのか？」と、「感染者数は減っているのか？」と問われてきた。

それらは圧倒的に「正しい」。飯は食えた方がいいし、コスパは良い方がいい。エビデンスはあった方がいい。感染者数は少ない方がいいに決まってる。

小さな物語はあまりに、はかない。私たちにはそれぞれに複雑な事情があって、個別に対応してもらわないとどうしようもないことがたくさんあるはずなのに、それらはすべて無視されてしまう。大きすぎる物語は数値化しにくいものまで数値化してしまうから、複雑なものは全部シンプルに処理されてしまうのだ。

大海原を漕ぎ続けるには、小舟はあまりに小さすぎる。

小さな物語は大船がまだ存在していた心の時代には、個人の人生を支えるだけのサイズに見えた。だけど、今はあまりに無力だ。それは実際のところ、小さすぎる物語になってしまったのだ。

心はどこへ消えた？

大きすぎる物語に吹き飛ばされた。

コロナのせいではない。この20年、小さな物語はどんどん小さくなっていったし、それらを守るための風除けは次々と失われていった。

だから、たとえコロナが終わったとしても、個人は脆弱なままだろう。

これから気候変動は加速するだろうし、ほかにも大きな災厄がやってくるかもしれない。そして、その間にもグローバル資本主義は、私たちを飲み込み続けるはずなのだ。

私たちを取り巻く物語はどんどんと大きくなっていって、私たち自身はもっともっと小さくなっていく。そういう抗《あらが》いがたい流れに私たちは巻き込まれている。

—V— この本の背骨

最後はちょっと大きすぎる話になってしまった気もするが、とにもかくにも1年間の連載の裏で、私はこういうことを考えていた。まとめておきたい。

春にはコロナがあった。だから、「コロナ禍の心」を書こうと思った。

だけど、すぐにネタが尽きたから、夏にはなんでもいいから心を探すようになった。それでも心は見つからない。観念した私は、次第に「心はどこへ消えた？」と問うようになった。それが秋。

冬の訪れとともに、わかってきたのは、大きすぎる物語によって、心がかき消されてしまっていることだった。そしてそれが、決してコロナのせいではなく、この20年一貫して進行してきたことに気がついた。

心は今や小さすぎる物語になって、ひどく脆弱になっている。それがこの連載の最終盤、2度目の春を迎えたときの私の危機感だった。

もうすぐこの序文は終わる。すると、エッセイたちがほぼ書かれた時系列通りに並べられている。読んでみてほしい。大体、以上のような流れで（行きつ戻りつしていると思うが）、連載が進んでいったことがほの見えるはずだ。これがこの本の紆余曲折した背骨だ。

エピソードの中に

だからこそ、連載が終わった今、私は思う。

心は何度でも再発見されねばならぬ。

大きすぎる物語は心をかき消す。それは抗しがたい。

それでも、私たちは心をもう一度見つけることもできる。小さすぎる物語が完全に消失してしまうことはないからだ。

それでも個人は存在する。それぞれの複雑な事情は存在する。

私はそういうものを取り扱う仕事をしている。


この1年、コロナの最中でも、私はカウンセリングの仕事をし続けていた。

東京の片隅にある小さな雑居ビルの、そのまた小さな一室でクライエントと会い続けてきた。来談が難しくなってオンラインになったクライエントもいたし、対面で通い続けたクライエントもいた。

いずれにせよ、私たちは心について話し合うことを続けたのだ。


そのとき語り合われたのは、大きすぎる物語ではなかった。コロナのことや、政府のことや、グローバル資本のことではなかった。もちろん、そういう大きすぎる物語も彼らの小さすぎる物語の遠景にはあった。

だけど、結局のところ、クライエントたちが語り続けたのは身の回りの小さな人間関係のことであり、彼らが置かれているきわめて個別の複雑な事情であった。

カウンセリングルームでは、大きすぎる物語に抗して小さすぎる物語が語られる。表ではできない裏の話がなされる。誰にもわかってもらえる気がしない自分だけの孤独が、小さな声で語られる。

心は頻繁にかき消される。それをもう一度見つけ出す。だがそれもつかの間再び心は失われる。それでも、何度も何度も心を再発見し続ける。そのために、私たちは話し合いを続ける。


だから、心理士として言わねばならぬ。

それでも、心は存在する。

どこに?

エピソードの中に。


クライエントの語る小さすぎる物語の中の、これまた小さすぎるエピソードに、彼や彼女の心が立ち現れる。ときにほのかに、ときにあざやかに。

心とは何か。それは事典で定義されるものではない。心は理論の言葉で語られた途端に、灰色の標本になってしまう。大きな物語の中では心は窒息してしまう。

そうではない。心とはごくごく個人的で、内面的で、プライベートなものだ。だから、心は具体的で、個別的で、カラフルなエピソードに宿る。緑なす文学的断片こそが、心の棲家《すみか》なのだ。

説明は不要だろう。これから始まるエッセイたちが具体的に証明してくれるはずだからだ。大きな話はもう十分だ。読者もすっかり退屈している頃合いだろう。エピソードに乏しい、抽象的な文章しか書けない臨床心理学者は舞台裏に引っ込むべきなのだ。

今、必要なのはエピソードだ。小さすぎる物語だ。思えば、この1年、私はその意味を知らないままに、小さすぎる物語を書き続けてきた。心が見失われ、そして再び見つかるエピソードを書き続けてきたのだ。

語り部を交替しよう。エピソードを自由自在に出したり引っ込めたりできる狂言回しに登場してもらおう。そう、バジーさんの出番だ。

サーカスを始めよう。

チャチなラッパが鋭く鳴る。色とりどりのバルーンが舞う。爆竹が炸裂し、煙がモクモク立ち込める。拍手と共に幕が上がる。

さあ、カラフルなエピソードたちが、舞台に上がる。

春

バジーさんが転んだ

はじめまして、バジー東畑です。

エッセイを書くために異名を作る。これが臨床心理学の伝統芸なので、私もそれにならうことにした。一応謎の日系人の設定だが、直接の由来は「馬耳東風」からきている。つまり、「馬耳東畑」。

「人の話に耳を傾けるカウンセラーなのに、その耳が馬で、全然聴いてないとか最高じゃないですか！」と、全然人の話を聴かない編集者に言われて、霊感に撃たれたのがきっかけだった。「おお、ついに本当の自分が見つかったかもしれない！」と茗荷谷《みょうがだに》の居酒屋で馬刺しを大いに食らったのが2月。

ああ、はるかかなた昔のことに思える。ガラケーでも使っていたんじゃないかと思うくらい隔世《かくせい》の感がある。その頃の私は、有名人の不倫とか、芸能事務所の退所騒動とか、皇室の恋物語とか、そういうホットで無害なニュースを、バジーさんがバッサバッサと切っていく連載を夢見ていた。

これまでカウンセラー兼臨床心理学者というあまりにお堅い人生を送ってきたから、中年期以降は第二の人格で気楽に生きていこうと思っていたのだ。二つの正反対の人格を両方生きると、人生は豊かになる。深層心理学者ユングの教えるところである。

だけど、そこから2か月、計画はすべてご破算だ。不倫とか退所とかニューヨーク留学とか、もう全部どうでもいい。いや、それは当事者にとっては切実なことだから、どうでもいいのはバジーさんの方だ。ひとさまの苦しみを娯楽にしている場合ではないのだ。

コロナウィルスのせいである。2月から毎週毎週状況が悪化していて、この原稿を書いている前日には、政府がとうとう緊急事態宣言を出したところだ。

私も大学は封鎖されて、授業はオンライン化だし、主宰しているカウンセリングルームの対応をどうしたらいいか、日々頭を悩ませている。それでも私なんか全然マシだ。医療機関で働いている知人たちはほんとに命がけだし、それまで当たり前にあったものがすっかり失われてしまった人だってたくさんいる。

世の中はすっかり変わってしまった。というか、今も変わり続けていて、この原稿が掲載されるときには、今書いていることもトンチンカンになっているかもしれない。いや、そっちの可能性の方が高い。明日の予定くらいはわかっているけど、来週がどうなっているのか誰にもわからない、そんな事態が続いている。それでも、毎日を生きて、日々を暮らしていかなくてはならぬ。

先が見えない

まったく見通しが立たない。私たちは今、そういう世界を生きている。それは心にとっては致命的だ。というのも、普段の私たちは、まるで予言者みたいに、未来を片目でにらみながら暮らしているからだ。「明日はこうしよう」とか、「来月からこれが始まる」とか、「来年は大体こんな感じだろうな」とか、先がある程度見えているから、今を安心して生きることができる。日常には未来が含まれている。

だから、未来が壊れてしまうと、私たちは完全に混乱してしまう。たとえば、パートナーから思わぬ別れを切り出されたとき、職場で突然リストラを言い渡されたとき、家族の具合が急に悪くなったとき、私たちは茫然自失《ぼうぜんじしつ》としてしまう。これからどうなるのかわからなくなり、今何が生じているのかさえわからなくなる（ときに、過去まで壊れてしまうこともある）。日常が粉砕してしまうのだ。

コロナ禍の最中で、私たちはまさしく壊れた未来を前に混乱している。電車は動くし、スーパーに食品はある。だけど未来だけがない（あとマスクも）。だから、日常はあるようで、なくなってしまっている。

私はカウンセラーだから、これまでもそうやって未来が壊れてしまった人たちと出会ってきた。

そういうとき、人は興奮してしまう。生存が脅かされると、私たちは軽い躁《そう》状態になってしまうのだ。頭が回転しすぎて、気持ちがそわそわする。そして、「何かしなくては」と切迫する。

先が見えなくなると、私たちは動かずにはいられなくなるのだ。何もしないと、ひどいことになってしまう気がするから、とりあえずスーパーに行って食材を買い込んでしまう。行動的にならざるをえなくなる。

だけど、そういうときに起こしたアクションは、大体うまくいかない。むしろ事態を悪くする。深夜に突然思いついて送ったメールが、よからぬ事態を招くのと同じだ。「思い立ったが吉日」というけれど、それは安定した日常での話だ。人生の苦境にあっては「思い立ってから一晩ぐっすり寝たあとが吉日」である。ぐっすり眠れなければ、ぐっすり眠れるまで決断は待った方がいい。

というのも、未来はたとえ見失われたとしても、それでも確実に向こうからやってくるからだ。緊急事態では、未来は手繰り寄せるよりも、待つ方がいい。形は少しずつはっきりしてくる。行動するのはそれからだ。いったん止まって、「様子を見る」。未来を再建するために必要なのはそういうことだ。

一緒に様子を見よう

様子を見る。これがメンタルヘルスの最終奥義だ。だけど、それは簡単そうに見えて、実はとても難しい。緊急事態だとなおさら。

「様子を見る」ためには、誰か他人が必要なのだ。「一緒に様子を見よう」と言ってくれる人がいて初めて、私たちは一日動きを止めることができる。不安とはふしぎなもので、一人ではもっていられなくても、二人でだったら持ちこたえられる。1＋1が0・5になるのが不安の本質だ。

連日、首相や知事がメディアに出続けているのも、それが理由だ。この規模の不安に対して「一緒に様子を見よう」と語り、様子を見ていられるような安全な環境を準備をするのは、本当のところ彼らにしかできない仕事だ。見えない未来を動かず待つためには、それを下支えする安心感が必要なのだ。

それが今うまくいっているのか、いっていないのか、私にはよくわからない。うまくいってほしいけど、全然先は見通せない。ああ、バジーさんが転んだ。連載開始早々転んだ。芸能人のスキャンダルをバッサリ切るような平時の連載はいつになったらできるのだろうか。

メールで卓球

朝から晩までスマホにメールが届き続けるので参っている。大学が封鎖されて、リモートワークになったせいで、同僚やら学生やらから用事がすべてメールで飛んでくるのだ。特に今は履修登録の時期なので、学生たちは混乱して訳が分からなくなっているらしく、問い合わせメールの通知が鳴りやまない。

こっちだって訳が分かっていないので、答えようがないことも多い。だけど、悲しいかな、魂の底から真面目な人間なので、一通一通丁寧に返信してしまう。すると、驚くべきことに倍のメールが返ってくる。倍増したメールにさらに返信すると、メールはその倍になる。爆発的増殖だ。このメール自体がウィルスなんじゃないか。

だから、この数日の私はまるで卓球選手だった。中国ナショナルチームのエースのように、メールを超高速で打ち返しまくるのだ。だけど、昨日くらいから、スマホの向こうに鬼コーチがいて、「バジー、もっとだよ、もっと早く、もっと正確に」と冷徹に球出ししてくる姿が見えるようになったので、心が折れた。「コーチ……僕は……もう……無理です……」と言い残し、メールの通知をオフにしたのが、ついさきほどのこと。

宇宙からのラジオ体操

ふしぎなことだ。まだ大学に人が集まっていた頃には、問い合わせメールの世界卓球みたいなことにはならなかった。カリキュラムも履修登録のシステムも、以前からずっと迷宮的ではあったのだが、それでも学生たちはきちんとやりこなし、つつがなく卒業していった。毎年、春のこの時期の私は気配を消して、馬耳東風を決め込んでいたけど、なんの支障もなかった。

なんとかやれていたのだ。日常はグルグル回っていた。だけど、大学が封鎖された途端にその円環はほどけて散り散りになり、無限のメールに変貌した。

「場所」がいかにパワフルなものであったかを思い知らされる。同じ空間に人が集まっているだけで、つまり複数の体が一緒に居るというだけで、私たちはできるはずのないことを、なんとなくやれてしまうのだ。

思い出されるのが、昔働いていた精神科デイケア。そこは精神障害の利用者さんが朝から晩まで過ごす場所なわけだが、その中に宇宙からの電波が脳みそを吸い取っていると訴える男性がいた。彼はあらゆることがうまくできなかった。食事をすればテーブルを汚したし、トイレに入ると出られなくなって周りを困らせた。会話は電波のことに限られていた。

深刻な障害があった。だけど、デイケアにくると、そんな彼でもなんとか日常を過ごすことができた。彼の心は恐ろしい電波の世界にいたのに、デイケアでの彼は「普通」に暮らせたのだ。

たとえば、デイケアの日課であったラジオ体操。ラジオからは電波が出ているし、単純に体操の順番がわからなかったし、そもそもなんで体操をするのかもわからなかったから、彼はラジオ体操なんかできないと言い張っていた。だけど、時間になると、「さあ、立って」と他の利用者さんから言われるので、椅子から立ち上がった。そして、他の人が手足を動かしているのを真似て、自分の手足を動かした。すると、ラジオ体操はできてしまう。不格好ではあったし、よく見ると怪しい動きをしていたけど、それでも「なんとなくやってる感じ」になった。無事日課をこなすことができたのだ。

家族はその姿を見て驚いた。家では部屋にこもって電波と格闘する以外に何もしなかった彼が、みんなと同じように「普通」にラジオ体操をしていたからだ。「ちゃんとできるんですね」家族は嬉しそうだった。

なにもデイケアで特別な治療がなされていたわけではない。そこではみんなが普通に暮らしていただけで、彼に集中的なサポートがあったわけではない。彼を助けていたのは「場所」だ。たくさんの人が居て、たくさんの体があると、自動的に小さなヘルプが生じてしまうのだ。

体はヘルプにひらかれている

体はヘルプにひらかれている。体があると、人をヘルプしやすく、人からヘルプされやすい。まごついていて、ついていけない体を見ると、周りの人は「さあ、やるよ」とつい教えてしまう。うまくやれないときは隣の人の体の動きを真似ると、なんとなく普通にやれている雰囲気が出てくる。

よくわからないことが、よくわからないままでも、なんとなくできてしまう。それが場所の力だ。大学に人が集まっていた頃には、学生たちは履修登録ができて、私も仕事をこなせていた。場に助けられていたのだ。あなただってそうではなかったか。いちいち覚えていないくらい、周りの人が教えてくれたり、周りを真似たりして、仕事をしてはいなかったか。それだけじゃない。家でパソコンを前に「あー疲れた」と独り言をいっても誰にも聞こえないけれど、近くに誰かの体があれば、その声は誰かの耳に届いてしまう。すると、その誰かは笑って、「私も」と呟くかもしれない。三密で行き交うのは見えないウィルスだけではない。見えないヘルプが見えないままに飛び交っていたのだ。

その見えないヘルプはリモートワークによって失われてしまった。ヘルプは今や、すべてテキストにして、可視化しなくてはいけなくなった。すると、メールは世界卓球と化す。

体が勝手にやってくれていたことを、私たちは今メールでやっている。だから、スマホの向こうにいるのは、中国ナショナルチームの鬼コーチではなく、見えないヘルプを失った体たちだ。それが次々と球出しをしてくる。そして、スマホのこちら側にあるのも、ヘルプを失って悲鳴を上げている体なのだ。

だから、もう本当に疲れたけど、しょうがない。メール通知をオンに戻す。卓球を再開する。必要なヘルプをテキスト化して、そして最後に「メールの卓球みたいで疲れますね」と書き添える。すると、「ほんとです、もう嫌です（笑）」と返ってくる。ちょっと励まされる。ヘルプされる。コロナウィルスはネット回線には侵入できないけれど、体の「気配」はスマホの向こうにまで、ちょっとは届く。

洞窟でキムタクの夢を見る

タイトルは「心はつらいよ」なのに、蓋を開けたら「コロナはつらいよ」になっているこの連載。時代の最先端をいこうとしているわけではない。単にコロナのことしか考えられなくなって、他の話を書けなくなっているだけである。

この連載だけじゃない。大学の講義でもコロナの話しかしていないし、読む本もコロナ関連ばかり。「マスクの歴史」みたいに、もはやコロナとあんまり関係ない本まで夢中で読んでしまう（鉱山で発祥したらしいですよ）。もちろん、ビールはコロナビールで、空を見上げるとつい太陽のコロナを探してしまう。

だいぶおかしくなっている。私はときどきこうなる。何かのタイミングでスイッチが入ると、一つのニュースに心を完全に奪われて、ひたすら調べ続けてしまうのだ。ＳＭＡＰ解散のときもひどかった。別に熱烈なファンではないはずなのに、朝から晩までひたすらネットで関連記事を検索してしまい、やめられなくなった。しまいには夢にまでキムタクが出てきた。彼は「夜空ノムコウ」を歌いながら、私を抱きしめてくれた。涙ながらに目を覚ましたとき、自分が完全におかしくなっていると確信した。だから、たまたまその頃に依頼があった専門書の書評原稿に、SMAPの話を書き散らかすことで、やっと熱狂から覚めることができた。

コロナとSMAP。社会的意味合いも深刻度も全く違うのに、やっていることは変わらない。ネットニュースを検索し続け、文章を書く。多分、ショックを受けたとき、私はそうやって心を守っているのだと思う。

ピクピクする

心は変化に弱い。良く知られた話だが、ストレスとは嫌なことに対する心の反応ではなく、あらゆる変化が心にかける負担のことを指す。だから、現実が激変するとき、私たちはできるだけ自分を変えないように必死に抵抗する。

思い出されるのは、糊のきいた真っ白なワイシャツを着た中年男性のことだ。彼がカウンセリングを受けにやってきたのは、チックが理由だった。チックとは体の一部が勝手に動いてしまう症状のことで、彼の場合は首がピクピクと痙攣《けいれん》していた。

「首以外は何も問題ない。このピクピクだけ何とかしてほしい」と彼は言った。だけど、よくよく聞いてみると、問題は明らかに首だけではなかった。前の年、彼はリストラにあっていて、同時期に離婚までしていた。かろうじて転職することはできたが、そこでの待遇は以前よりもだいぶ悪かった。彼はすさまじい変化の渦中にいた。

チックになるのも無理はないんじゃないか、と私は伝えた。だけど、彼は認めなかった。「それは関係ないです、私の人生にとってはポジティブなことですから」彼はリストラと離婚という大変化を受け入れていると言い、そのことで他人に奪われていた人生を取り戻すことができたのだと考えていた。これはポジティブな変化だ。彼は譲らなかった。

チックはなかなか消えなかったので、私たちはしばらくの間会い続け、いろいろな話をした。するとわかってきたのは、彼が大昔からポジティブな人だったことだ。彼の人生には苦しい局面が何度かあったが、そのたびにポジティブに考えることで乗り越えてきたのだ。だから、今回の大変化もポジティブに考えれば乗り越えられる、彼はそう信じていた。彼は変化を受け入れたのではなく、自分を変化させないためにポジティブでいたのだ。それなのに、真っ白なシャツについたコーヒーのシミのように、チックだけが彼のポジティブさを汚すネガティブなものだった。

それでも、心は遅れてやってくる。彼は次第に調子を崩していった。夜眠れなくなり、気分が落ち込むようになった。そして、カウンセリングでは以前の職場や家族に対する怒りや恨みを語るようになった。一人で考えているとき、彼の結論は決まってポジティブなものだったが、面接室で一緒に考えていると彼の心には絶望的な結論が湧き上がってきた。「すべて失敗だったんじゃないか」彼は心の痛みに苦しむようになった。

「ここに来ると調子が悪くなる」不満を訴えることもあった。だけど、そのときにはもうチックは消えていた。ネガティブなものはチックの形を取らなくても、心の中に居場所があったからだ。だから、彼はカウンセリングをやめることはなかった。私たちは彼が喪失したものについて、時間をかけて話し合っていくことになった。

変化をチビチビ舐める

心は変化を好まない。だから、現実が変化してしまったとき、私たちは心を閉ざす。そのためにお決まりの方法に固執する。

彼の「ポジティブに考える」も、私の「ひたすら調べて、書く」も、自分を変えずに現実に対処するためのそれぞれの方法だ。笑う人もいるかもしれない。逃げずに変化しろ、変化しないのは滅びることだ。まだコロナが始まったばかりの頃から、「アフターコロナ」の話をするくらい変化に敏感な人たちからはそう言われてしまうかもしれない。

だけど、そういう人たちだって、コロナ以前から同じことを言い続けてはいなかったか。変革派は現実の変化に心を閉ざすために、変革に固執する。

もちろん、それは悪いことではない。心は現実の急激な変化に耐えられないからだ。リストラと離婚のダブルパンチを食らった彼に、ありのままの現実を受け入れろだなんて、誰が言える？　吹雪のときには洞窟に避難した方がいい。生き延びるために現実に対して心を閉ざすことが必要なときもある。

だけど、そのまま洞窟の奥に居続けたら、いずれ餓死してしまうのも事実だ。現実が変わっているのだから、どこかで心も変わらないといけない。キムタクの夢を見続けていても、ＳＭＡＰは帰ってこないのだ。洞窟の入り口付近をウロチョロしながら、新しい地図を見つける必要がある。

変化とは劇薬のようなものなのだ。一気飲みすると体を壊すけど、完全に拒絶しても体は悪くなる一方だ。だから、チビチビ舐めるのが良い。現実が変化するのは一瞬だけど、心の変化はゆっくり起こるのが自然だ。

そのために、例の彼にはチックがあった。チックによって、彼は自分の中のネガティブな部分にチビチビ触れることができた。同じように、こうやって文章を書くことは、チビチビと変化を舐めていることでもあり、そうやって私も少しずつ現実に慣れようとしているのだろう。と、夜空の向こうを見ながら、君色思うのであった。

YouTube、安全なカプセル

YouTuberになってしまった。大学の授業がオンライン化したせいだ。当初は全く気が乗らなかった。授業は魂と魂の格闘だ、YouTubeなんかでやれるわけないだろ！　なめんなよ！と徹底抗戦の構えでいた。だけど、上司から「やりなさい」と言われると、「かしこまりました」と答えてしまうのがサラリーマン准教授の悲しい性《さが》。せっせと動画を撮影しては、学生に配信してみると、すぐに気がついた。「これ、最高じゃん」

思い返してみると、対面授業の方がつらかった。人の顔色を窺《うかが》ってやまない私は、学生がつまらなそうな顔をしていたり、スマホをいじり始めると、傷ついてしまう。挽回するために、伝説の臨床心理学者河合隼雄のモノマネを披露する。学生は一瞬こっちを見てくれるのだが、すぐに深い眠りに落ちていく。最終手段として「もしも都知事がフロイト先生のカウンセリングを受けていたら」というショートコントを繰り出すも、ますます睡魔はオーバーシュートするばかりなので、死にたくなる。ああ、俺の授業はイケてないんだ。

この点、YouTubeは素晴らしい。眠る学生も、スマホに没頭する学生も、視界に入らない。

同じ場所に魂が二つ以上あると、ウィルスには感染するわ、授業がつまらないことが白日の下にさらされるわで、ロクなことがない。ソーシャルディスタンス、なんと素晴らしい。

社交の裏側

昔、いわゆる「エリート」と呼ばれる30代女性のカウンセリングをしていた。ショートカットの黒髪が美しい彼女には高度な社交能力があった。コミュニケーションが洗練されていて、出会う人誰もが好印象を抱くような人だった。だけど、彼女には定期的に人間関係をリセットするという問題があった。何度も職場を変えていたし、友人も、パートナーも一定期間を経ると総入れ替えしてしまう。オリンピックのたびに周りに違う人がいる、それをなんとかしたくて彼女はカウンセリングを受け始めた。

カウンセリングは当初、気持ちのいいものだった。彼女の話は分かりやすく、私が伝えた解釈はすべて「そうかもしれない」と受け入れられ、そこから彼女は深い洞察を導き出した。自分が有能なカウンセラーになった気分がした。

そうやって話をしているうちにわかってきたのは、彼女が精神の病を抱えた不安定な母親のもとで育ったことだ。そして、幼い頃から母親の気分を敏感に汲み取ることを続けてきたことだ。それに失敗してしまうと、傷ついた母親は混乱し、彼女のことを激しく攻撃した。だから、彼女にとってコミュニケーションは命がけでなされるものだった。それを面接室でも行っていたのだ。

だけど、カウンセリング開始から1年が経つ頃、様子が変わった。その頃、彼女は職場の人間関係で揉めていた。珍しいことだった。いつもの彼女ならスマートに受け流せることが、できなくなっていたのだ。変化が起きている。命がけで社交をしてきた彼女にゆるみが生じている。そう思った。

だから、私は伝えた。「少し油断するようになったんじゃないですか？」彼女は「そうかもしれない」といつものように答えた。だけど、いつもと違って彼女は沈黙した。うまく飲み込めないようだった。そこで、私は重ねて伝えた。「そういう自分に戸惑っているんだと思う」すると、彼女は爆発した。「違う！」怒鳴られた。「私が『かもしれない』って言ってるときは、『違う』って言ってるの！　なんでわかってくれないの！」

完璧すぎる仮面の下にあった激しい怒りが露わになった。彼女はもう気持ちのいい人では全然なかった。黒髪は逆立ち、口汚い言葉が溢れた。だけど、それこそが重要なことだった。なぜなら、それはまさに彼女がカウンセリングをリセットすることを考え始めていた時期だったからだ。

洗練された社交の裏には、洗練されていない思いがたくさんあった。関係が深まり、それが漏れ出しそうになったとき、彼女は人間関係をリセットしてきたのだ。彼女に必要だったのは、気持ちよくない関係でも一緒に居続けることで、それこそが母親との間でできなかったことだったのだ。

それからのカウンセリングは血みどろと言ってもよいようなつらいものになったが、だけどその時期を経て彼女は恋人と同棲を始めることができた。関係が社交を超えそうになるとき、リセットではなく、一歩踏み込んだ関係になろうとチャレンジできるようになったのだ。

他者は敵かもしれない

「出会い」を意味する"Encounter"という言葉の語源は「敵と出くわす」なのだそうだ。他者は潜在的に敵でありえて、私たちを傷つける可能性を含んでいる。だから、私は対面授業でモノマネを披露し、彼女は「かもしれない」と繰り返し言っていたのだろう。社交とは、傷つけてくる他者をなんとかいなすためのものだ。

自粛の日々に気楽さも含まれているのは、清潔なカプセルに閉じこもって、ウィルスと他者を遮断できるからだ。モンスターの出現しないＲＰＧみたいなものだ。私たちはその安全さに一息ついたのだと思う。

だけど、危険な他者は栄養でもある。ＲＰＧではモンスターと戦わないと、レベルが上がらず、仲間も増えない。敵かもしれない他者と辛抱して付き合って、あるときその人が友であり味方であると気がつく。少なくとも敵ではなかったと知る。そういうことの積み重ねが、私たちの心を深くしてくれる。だから、彼女は「なんでわかってくれないの！」と叫んだのだろう。

安全なカプセルから一歩踏み出し、他者を求めたのだ。

YouTubeの授業は清潔で安全で気楽だ。だけど、そうやって魂を隔離しているのでは、何かが足りていない。やっぱり魂と魂の格闘が必要だったのではないかと確信した。だから、こういう話を学生たちに伝えなくちゃと思い、授業でしゃべってみたら、「いいね」が全然つかなかった。ああ、やっぱり俺の話はつまらないんだ、と死にたくなったのが今である。なんでわかってくれないの！

締め切り恐怖症

連載開始からコロナについて書き続けてきたが、今回は休憩。そうやってコロナから離れると、「気の緩みがみられる」とコロナ担当大臣に怒られそうだけど、人はコロナのみにて生きるにあらず。人生にはコロナと関係なくつらいことがいろいろあるのである。

ということで、締め切り恐怖症の話。私は締め切りを異常に恐れている。どれくらい恐ろしいかというと、締め切りに直面しないで済むように、2週間前には原稿を書き上げてしまうくらいである。と書くと、「なんだよ、仕事早い自慢かよ」と言われてしまいそうなのだが、違う。この苦しみをわかってほしい。締め切りが間近に迫ってくると、もう書けないんじゃないかと不安になり、「俺はもう終わりだ」と追い詰められる。すると「逃げれば楽になる」という考えが頭をもたげてくる。不朽の名作「まんが道《みち》」で、藤子不二雄の二人がすべての連載を投げ出し失踪したシーンが描かれているが、大変共感できる。

おかしくなってしまうのだ。だから、高所恐怖症の人が観覧車に乗らないようにするのと同じで、私も早め早めに原稿を書くことで、締め切り恐怖症を発症しないようにコントロールしてきた。だけど、週刊連載は厳しかった。ハードル競走のように次から次へと締め切りが設定されるから、油断するとすぐに締め切り直前になってしまう。今この瞬間も、だいぶ先だと思っていた締め切りが10日後に迫っているので、心拍数が上がってきている。あと10日、危険水域だ。ああ、甘かった。自粛期間中にパーティをひらいたせいで、事務所の副社長から大目玉を食らってしまったアイドルレベルの甘さだった。

心の中の残酷な副社長

締め切りの何がこれほどに恐ろしいのか。心を覗いてみる。するとわかるのは、そこには残酷な副社長がいて、「こんなつまらないの書いてどうすんだよ」とか「間に合うはずないだろ、夢物語かよ」と、私を盛んに脅していることだ。

こういう自分で自分を責める声のことを、心理学では「超自我」と呼ぶ。超自我は誰の心にも存在していて、私たちに「こうすべき」と規範を提示するものでもあり、「よくできた」とか「全然ダメだ」と価値判断をするものでもある。いわば、心の中の上司役だ。

超自我自体は悪いものではない。ほどよい強さであれば、私たちに良きものをもたらすし、全くないと困る。良い上司は良い仕事を可能にする。上司がいない職場は混乱に陥る。それと一緒だ。だけど、超自我が厳しすぎると、ときに破滅的なことになる。

昔、万引き常習犯の老人のカウンセリングをしていた。引退したとはいえ、裕福で社会的な立場もあった彼が盗んでいたのはタワシ10個とか食器用洗剤8個とか、不要不急のものだった。それは万引きのための万引きだったのだ。普通に考えると、善悪の分別がついていなくて、超自我が弱い人に見える。だから、「物を盗むのは悪いことなんですよ」と教えてあげたくなる。だけど、実際には彼は自分が悪いことをしているのは重々承知だった。それが違法行為であり、店に損害を与える行為だとわかっていた。いや、それどころか、自分のことを死刑に値するほどの極悪人だと思っていた。

ならば、万引きなんかやめればいいじゃないかと思うのだが、そうはいかない事情があった。日々自分を極悪人だと責め続ける抑うつ的な暮らしの中で、唯一気分爽快になれるのが万引きに成功したときだったからだ。監視カメラの目をすり抜けて店を出る。警備員が追ってきていないと確認する。その瞬間だけ、彼は幸せになれた。至福の気分に包まれた。そのときだけ、残酷な超自我が自分を責めることをやめてくれたからだ。

監視カメラや警備員に彼の超自我が投影されていた。つまり、監視カメラに映らず、警備員の目をかいくぐることは、彼を極悪人だと責める超自我の目から身を隠すことを意味していた。現実と心の世界が混同されていたのだ。だから、万引きは彼の癒しだった。

だけど、危うい日常は長くは続かない。最終的に彼は捕まった。監視カメラは彼の犯行を捉え、警察が呼ばれ、絶対に知られたくなかった家族にすべてが露見した。破局したのだ。もう生きていけない、みんなに軽蔑され、罵倒され、追放される。そう思った。しかし、彼にとっては驚くべきことが起きた。警察も家族も、なぜそんなことをしてしまったのかと心配してくれたのだ。なにか苦しいことでもあるのかと親身になってくれた。そして、家族はお店への謝罪と弁償に付き添ってくれて、お店の人もそれを静かに受け入れてくれた。誰も彼を極悪人だと罵《ののし》らなかった。現実は超自我よりもはるかに優しかったのだ。それからだ、彼は少しずつ変わっていった。

超自我に操られる

ここまで書いてきて、締め切りがあと8日に迫った。「今回はどうやら間に合いそうだが、このレベルの内容で良く世に出せるな」副社長が嫌味を言う。「次こそもうダメかもしれないのに、休もうとしてるなんてほんと呑気だな、ユー」

ああ、超自我から逃げようとすればするほど、超自我の残酷さは強まる。万引き依存症ともいえる彼にとって逮捕が救いであったように、私もいっそ締め切りを破ってみたら楽になれるかもしれない。編集者には軽蔑されるかもしれないけど、多分、心の中の副社長よりは優しいはずだ。

多くの場合、現実は超自我よりマイルドなのだ。リモートワークがつらい理由もここにある。同僚と顔をあわせないままに仕事をしていると、だんだん超自我の声が残酷になってくる。現実の上司に、心の中の上司が投影されるから、実際よりも残酷な人に思えてくるのだ。長期休み明けに、学校や職場にいくのが億劫《おっくう》になるのはそのせいだ。コロナ自粛も明けようとしている今、これは喫緊《きっきん》の問題なのだけど、長くなるから次回に回そう。

と、突然コロナの話題に無理矢理つなげてしまうのも、超自我のせいである。コロナじゃない話を書きながら、ずっとコロナ担当大臣に怒られている気分になっていたのだ。あぁ、結局超自我の望むままに動いてしまう俺である。きっと、この原稿が終わったらすぐ次の原稿に取り掛かってしまうことだろう。おお、超自我。心の中の暴君。頼むから、寝ててください。

悪い考え

ついにやってしまった。月に1度行われる大学の最重要会議をすっぽかしてしまった。オンライン会議なので忘れそうだったからこそ、絶対出席しなくてはならぬと前日の夜から気合を入れていたというのに、Ｚｏｏｍのミーティングルームにアクセスしたら、「本日はお疲れさまでした」と学科長が締めの挨拶をしているところだった。時間を間違えていたのだ。

思わず「え！　まさか終わりですか」とマイクをオンにして叫んでしまう。すると学科長は満面の笑みで「あ、バジー先生、もう終わりよ、ちゃんと議事録読んどいてね〜」と言って、同僚たちと共に画面から退室しようとする。やばい、せめて存在感をアピールしておかなくては。パソコンに向かって絶叫する。「お疲れさまでございました！！！！」

ああ無情。リモートワークだから廊下で弁解するわけにもいかない。どうすればいいのかわからず、頭を抱えてしまう。すると、「悪い考え」が蠢《うごめ》き始める。同僚の表情には「この寄生虫が！」と刻まれていた気がしてくるし、学科長のあの満面の笑みは何か残酷なアイディアを思いついた爽快感からきていたのではないかと疑念が浮かぶ。

は！　まさか議事録に俺の懲戒処分が書き込まれているのではあるまいか！　そう思ったら怖くなって、議事録のファイルをひらくこともできない。

さらに「悪い考え」は膨らんでくる。賭け麻雀をしていた元検事長ですら訓告処分だというのに、俺が懲戒処分だなんて納得いかん。そもそも最初に会議にいなかった時点で連絡してくれればよかったではないか。落ち度は向こうにある。いやむしろ、これは俺を陥れんとする謀略なのではないか。ならばこっちにも考えがある。目には目を、歯には歯を。裁判だ。今だったら仕事を辞めて暇している元検事長が弁護人になってくれるはずだ。徹底的に法廷で争って、無慈悲な鉄槌《てっつい》をくらわせてやろうじゃないか。

ネトウヨの綺麗な部屋

と、錯乱していたのが昨晩。まことに「悪い考え」ほど恐ろしいものはない。考えれば考えるほど、他者は残酷で無慈悲になっていき、自分も破壊神のようになってしまう。

それで思い出すのが、昔中学校のスクールカウンセラーをしていたときに会っていた少年のことだ。彼は授業中に一度粗相《そそう》（大きい方の）をしてしまってから不登校になっていた。自室にひきこもるようになり、出かけるときには2時間シャワーを浴びなければならないほど他人の目を怖がるようになった。

そういう状態であったので家庭訪問をしていたのだが、彼と会うのは簡単ではなかった。眠っていたり、体調が悪かったりが理由だったが、実際には私のことが怖かったのだと思う。だから、私は毎回、短い手紙を残して帰った。小さくとも安定した接触の積み重ねが少しでも彼の恐怖を和らげてくれたらと期待してのことであった。

効果はあった。あるとき、偶然早くに目が覚めたからという理由で、彼は私を部屋に招き入れてくれたのだ。部屋は綺麗すぎるほどに片付いていた。フローリングもピカピカ光っていた。もしかしたら私を迎えるために前日から準備をしていたのかもしれない。だけど、それは言わなかった。ひどく緊張している彼を刺激したくなかったからだ。

「普段、何をしているの?」と尋ねると、いつも見ているサイトをパソコンで見せてくれた。そこに現れたのはA国の環境汚染の映像だった。工場排水でピンクに染まった川や奇形の動物。彼は興奮しながら、汚染物質を垂れ流すA国を罵った。一見、彼はネトウヨのようでもあったけど、私には教室で粗相をしてしまった汚い自分を責めている声に聞こえたので、切なかった。

私たちは会い続けた。綺麗な部屋で、彼の祖母が運んでくるケーキを食べながら、環境汚染の話をし続けた。彼はいつも緊張していた。私に汚いやつだと思われるのを恐れていたのだと思う。

そんなある日、私はうっかり食べていたケーキを皿から落としてしまった。綺麗な床にクリームがベッタリとこびりついた。悲惨でみじめだった。「ごめん」私は即座に謝った。彼は「いいですよ」と硬い表情で言ったあとに、「ほんとはいつも汚いから」と呟いた。そして自分が言ってしまったことに気がつくと笑った。「普段はA国みたいなんだ」私も笑ってしまった。そう、ちょっとくらい汚くても大丈夫なのだ。彼との面談を学校の相談室でするようになったのは、それからほどなくしてのことだった。そのときようやく、彼はA国の話ではなく、「人の目が怖い」と話せるようになった。

心の中の戦争

私たちの心には戦争が潜んでいる。それは傷ついているときに、噴出する。裁判の空想をしていた私のように、あるいは環境汚染を罵るあの少年のように、他者を攻撃する悪い考えが止まらなくなり、同時に他者から攻撃される悪い考えが止まらなくなる。

ゴールデンウィークや夏休み明けに、職場や学校に行きたくなくなる。休み中に心の中の戦争が起きていると、そうなる。「あいつが怖い」と思い、「あいつがムカつく」と考え、それがグルグルと回っているうちに、心の中の「あいつ」はどんどん肥大化し、狂暴化し、残酷になっていく。すると、とてもじゃないが会えなくなってしまう。

戦争を終わらせるには、直接会うしかない。実際に他者と接触すると、ついつい平和な付き合いをしてしまうのが、私たちの心だからだ。すると、他者と平和に付き合えていた頃の自分が思い出される。それこそが、あの少年が私を部屋に招き入れたときに始まったことだ。一緒にパソコンを見て、一緒にケーキを食べる。危険なことが起こる可能性があるのに、危険なことが起こらない。そういうときに初めて私たちは平和の存在を感じることができる。

　だから、コロナ明けは気が重いけど、久しぶりに同僚と直接接触できるのには意味がある。忘れかけていた平和な付き合いを思い出すのは大切なことだ。付き合いには億劫なところもあり、面倒なこともあったけど、楽しい瞬間もあったはずだ。ということで、私も裁判の計画を練るのではなく、勇気を出して次の会議にちゃんと行こうと思う。そしていつも通り馬耳東風であらゆる議題を聞き流そうと思う。しばらく大学に行っていないから忘れていたけど、コロナの前は、いろんな粗相があったとしても、それは結局みんなで笑えるネタになっていたのだから。

トイレ侍とウンコ男

オンラインミーティングにはだいぶ慣れて、結構やれるじゃんと思っているのだが、一向に慣れないのがミーティングの終わり方である。教授会にせよ、研究会にせよ、ゼミにせよ、さっきまで和気藹々《わきあいあい》と仲良くやっていたのに、「じゃあ、これで終わります」という声と共に、ブチッと画面が消え、自分ひとりの部屋に放り出される。これが切ない。長年付き合ってきた恋人から「終わりにしましょう、返信は必要ありません」とたった一通のメールで別れを告げられたような気持ちになる。

毎日が失恋の連続である。研究会が終わると「あぁ、はかない」と遠い目になり、ゼミが終わると「諸行無常だなぁ」と袖を濡らす。教授会のあとには「あしびきの　Ｚｏｏｍ画面から消えゆきて　学長サヨナラ　一人かもねむ」とついつい短歌を詠んでしまう。人間は結局孤独なのだと日々嚙み締めている。

いや、違う。私たちは昔から孤独だったはずだ。どんなに盛り上がる会議でも、研究室に帰れば、最後は一人だった。ゼミにも飲み会にも必ず終わりがあった。だけど、毎回失恋の痛みを感じることはなかった。何が違うのか。

廊下が足りていない。教授会の終わりに、「今日もあの教授のカラオケ状態でしたね」とか「マラカス鳴らそうかと思ったぜ」とか、廊下で愚痴りあうのが楽しかった。雑談も陰口も密談も全部廊下での出来事だった。事件は会議室でも現場でも起こるけれど、人間らしいことは大体廊下で起こっていたのである。

廊下で変身が解ける

プレイセラピーをご存じだろうか。遊ぶことでカウンセリングを行う方法のことだ。言葉では自分をうまく表現できない子どもに対してよく行われる。

昔、クリクリとした目の4歳の男の子とプレイセラピーをしていた。彼は半年前に母親を病気で亡くしていて、それから幼稚園で友達に暴力を振るうようになったから、心配した父親が連れてきたのだった。

おもちゃがいっぱいに詰まったプレイルームに入室すると、彼はさっそくプラスチックの刀を見つけて、私のことをボカスカと叩いた。幼稚園児とはいえ、さすがに痛い。「やめてー」と悲鳴を上げると、「俺はトイレ侍だぞ、悪いウンコ男はやっつけてやる」と満面の笑みで言う。どうやら私はウンコ男になってしまったようだった。

遊びは心の世界を映し出す。母が亡くなったのは、ちょうど彼がトイレットトレーニングをしていた時期だった。自分がうまくトイレをできなかったせいで、母が病気になってしまった。突飛《とっぴ》な考えではあるが、幼い心はそう感じていた。だから、ウンコ男とは本当は彼のことで、自分を攻撃するように私を攻撃していた。幼稚園で暴力を振るっていたのもそういうことだったのだろう。その後、何か月も、私は斬られ続けた。痛かったけど、トイレ侍の心の痛みが伝わってきて、切なかった。

だけど、あるときから、遊びが変わった。トイレ侍は斬殺のあとに、治療を行うようになったのだ。床に寝かされた私を、彼は刀を使って手術した。そのときのトイレ侍は優しかった。「ほら治った、生き返っていいぞ、ウンコ男」そして、蘇生した私を再び斬り殺し、治療を行った。それが聖なる儀式のように繰り返された。彼は心の中の母親を蘇生させようとしていたのだと思う。そして同時に、傷ついた自分を癒そうとしていたのだと思う。

聖なる儀式をするようになってから、彼はプレイルームから帰るのを渋るようになった。「帰るもんか、まだやるぞウンコ男」と居座るのだ。「今日はおしまい！」と言って、なんとか部屋から出すのだが、次の回にはまた居座る。次の時間のクライエントが待っているから、大変困った。だけど、ある回で、彼は珍しく時間通りに部屋から出ることができた。

キラキラしたプレイルームの外はコンクリート造りの殺風景な廊下だった。最初、彼は大股でノシノシ歩いていた。トイレ侍気分が続いていた。だけど、次第に背中が丸まり、歩みが弱々しくなる。ひどくわざとらしかったから、「どうしたの？」と聞いてみた。すると、「トイレ侍の変身が終わっているところ」と彼は言った。廊下を使って、変身が解ける遊びをしていたのだ。母親を蘇生させることができるプレイルームから、母親がいない現実へとその廊下は続いていた。その現実に向き合い始めていて苦しいから、彼は帰り渋りをしていたのだと私は気づく。そして、こうやって変身が解ける遊びにすることで、彼は悲しみで重たくなる心と体を前に進めようとしているのだと気がつく。だから、ウンコ男も心理士へとゆっくり変身を解いていった。彼の横を同じペースで歩いた。待合室では父親が待っていた。

現実の水割り

生きるとは変身し続けることだ。私たちには複数の自分があって、違った部屋で違った相手といるとき、違った自分に変身する。まるでシンデレラのように、魔法をかけられたり、解けたりしながら生きているのだ。

だけど、真夜中の鐘ひとつで、突如魔法が解けるなら、シンデレラだって呆然《ぼうぜん》としてしまう。きらびやかなプリンセスが、みすぼらしい灰をかぶった少女に戻るとき、その喪失はあまりに過酷だ。あの少年もそうだ。母の急死という痛ましい現実を、即座に飲み込めるはずがない。現実は一気飲みすべきものではない。

だから、廊下なのだ。廊下は変身のための場所だ。そこではシンデレラは半分プリンセスで、半分灰かぶりだ。だから、彼女にはガラスの靴を落とす余裕があった。あるいは、そこは半分は楽しい教授会で、半分は孤独な研究室だ。だからこそ、しょうもない愚痴を言えた。そして廊下では、少年は母を復活させるトイレ侍でもあり、母を失った幼稚園児でもある。この曖昧な二重性が、過酷な喪失にしばしば触れることを可能にしてくれる。廊下は現実を水割りにしてくれるのだ。

言い添えると、それは必ずしも物理的な廊下じゃなくてもいい。少年は無機質なコンクリートを変身の空間に変えた。同じように、オンライン研究会が終わってからもＬＩＮＥで冗談を言えるし、オンライン教授会の後に短歌を内輪のメーリングリストに流すこともできる。それが心に廊下を作り出す。行われているのは遊びだ。遊びによって心に廊下ができるのだ。そうやって、私たちは日々孤独とつながりの間を行き来しているのだと思う。人間らしいことは大体廊下で起こっているのだ。

夏

補欠の品格

この夏、甲子園がない。こんな悲しいことはない。オリンピックも、ワールドカップも、日本シリーズもほとんど興味がもてない私だが、甲子園だけは別だった。特に沖縄代表の試合は欠かさず応援してきたのに、今年は中止。ああ、熱闘の夏が懐かしい。チャンスに鳴り響く「ハイサイおじさん」のトランペット、スタンドを埋め尽くす緑の応援団、メガホンをもって舞う補欠たち、ベンチで声を張り上げる補欠たち……。

そう、甲子園の醍醐味《だいごみ》は、補欠にある。試合の行方よりも、補欠たちの気持ちが気になってしょうがないのだ。レギュラーがケガしますようにと祈っているのだろうか、チームが早めに負けてくれたら家に帰ってパワプロ（人気の野球ゲームのこと）やれるのにと思っていやしないか、そしてそんな自分は人間として終わっていると自分を責めているのではないか。そんなことばかり考えているから、ついついテレビに向かって叫んでしまう。「頑張れよー、お前らは自分の人生では補欠じゃないんだぜ！」

いや、わかってる。仮にも甲子園に出るほどの名門校なのだ。たとえ、補欠といえどもそんなしみったれたことを考えているはずがない。だけど……もしかして……と想像して、切なくなる。これが私にとっての甲子園だ。

それはもちろん、私が中学時代に野球部の補欠であったからだ。疾風怒濤《しっぷうどとう》の思春期、私の傷つきやすく気高き魂は、あらゆる試合でベンチを温めることに費やされた。まるでお徳用ホッカイロのような魂である。だけど、この補欠根性がしみ込んだお徳用魂こそが、実は私を心理士という職業へと導いたのではないか。そんな仮説がある。

ジャイアンとハリガネ

本当は、補欠じゃなかったやつは心理士とは認めない！　くらい言いたいのだが、間違いなくルサンチマンによる暴論であるので、心理士と補欠は魂の底の部分でつながっている、くらいの控えめな仮説にとどめておこう。一応根拠はある。

まだ大学院生だった頃、研究会の夏合宿で隠岐《おき》にいったときの話だ。なぜ隠岐なのかというと、流罪《るざい》に関心があったからなのだが、それが心理学とどう関係するのか今となっては全然わからないから、単にどこか遠くに行きたかっただけなのだと思う。

いずれにせよ、島につくと暑すぎたので、流罪史跡めぐりは早々に断念し、宿のテレビで甲子園を見ることにした。日が沈むと、隠岐牛と日本海の幸を堪能し、布団に入ってからは大学院の先輩のカゲグチを明け方まで後輩たちと語らい続けた。事件が起こったのは、ヘロヘロの帰路、米子から岡山に向かう特急やくもでのことだった。二日酔いと旅行の疲労、そして旅が終わってしまう悲しさから、皆妙なテンションになっていたのだ。

「今まで言えへんかったことがあるんです。聞いてもらえませんか？」ジャイアンみたいな風貌の後輩が突如神妙な表情になって切り出した。「なんだよ、言ってみなよ」と窓を通り過ぎる深い山々を見たまま私は言った。結構ダンディな感じだったと思う。

ジャイアンは深く息を吸い込んでから、言った。「僕……実は補欠やったんです」重たすぎる告白に誰も何も言えなかった。ジャイアンは続けた。「監督にはめっちゃ媚《こ》びてたんです。監督の目にどう映るかだけ考えて生きていました。だけどね。一回も試合に出してもらえへんかった。チームの中で僕だけです。ユニフォームがね、いつも真っ白なまま家に帰るんです……」つぶらな瞳に涙が浮かんでいた。なんと痛ましい、先輩としてこれ以上彼を一人にするわけにはいかないと思ったとき、隣に座っていたハリガネのように華奢《きゃしゃ》な後輩が声を上げた。

「お前だけやない」野太い声だった。「俺もや」

「ただな、1回だけ試合に出たことがある。ベンチでな、誰でもいいからケガしろって祈ってたら、ライトのやつが本当にケガしてくれてな」ハリガネが語り始めた。「だけど、グラウンドに立つとな、別の祈りが浮かんでくるんや。頼むからボール飛んでくんなって。でも、来たんだよ。大きくて、綺麗なフライやったわ」私たちは固唾《かたず》を飲んで聴き入った。「心臓がバクバクして、足が震えた。動けへんかった。ボールは俺の頭上を越えていって、ランニングホームランになったよ」ジャイアンがハリガネの震える肩にそっと手をやった。

「き、奇遇だな」私はダンディさを失わないようにと心がけたのに、声が裏返ってしまう。「俺もさ、補欠だったよ」言葉が溢れて止まらなかった。ずっとベンチから試合を見ていたこと。早く家に帰ってパワプロをやりたいからコールド負けしねえかなと思っていたこと。そしたら本当にコールド負けしたこと。「最後の大会だったからさ、その瞬間、エースが泣き崩れたんだよ。で、チームメイトもみんな泣きながらマウンドに駆け寄るわけ」

でも、私はそのとき、全然悲しくなかった。むしろ、これで明日からクーラーの効いた部屋でのんびり甲子園見れるじゃんとウキウキしていた。「皆泣いてるのにさ、俺だけ笑顔なのおかしいじゃん?」ジャイアンとハリガネは潤んだ目で私を見つめていた。涙の特急やくもはトンネルに入った。「俺……そのとき泣いてるふりしたんだよ。眼はカピカピに乾いているのに、涙をぬぐうふりしながら、マウンドまで走ったよ。あんときだよ、魂が死んだのは」

補欠は人間なのか

「バジーさん、あんた残念な人ですよ」ハリガネは言った。「だけど、もっと残念なのは、俺がバジーさんの学校のスクールカウンセラーじゃなかったことです。その孤独はね、一人で抱えちゃダメなんすよ」

「あんた最低だよ」ジャイアンも叫んだ。頬を涙が伝っていた。「最低だけどさ、それが人間なんじゃないんすか？」

「なあ、補欠って、人間なのか？」私は考えるのも恐ろしくて、ずっと抑圧してきた問いを口に出した。二人は悲痛な表情を浮かべ、首を振った。「……わからないです」重い沈黙の中、ジャイアンは呟いた。「……人間って何なんすか？」誰も何も答えられなかった。

そこにグリーン車にいたはずの教授がやってきた。「何の話をしてるんや？」

ああ、紙幅が尽きてしまった。なぜ心理士の卵たちが揃いも揃って補欠だったのか。この神秘的な問いの答えは次号で明かされる。

補欠の人格

　前回の続き。大学院生だった頃、後輩（ジャイアンとハリガネ）と合宿に行った帰りの電車、揃いも揃って中学時代に野球部の補欠だったと発覚。みんなで滂沱《ぼうだ》の涙を流していたところに、グリーン車から教授がやってきたところまでが先週の話。

「何の話をしてるんや？」とタヌキによく似た教授は聞いてきた。魂が監督に媚びに媚びていた補欠時代に戻っていたので、つい教授にも媚びてしまう。「監督のお耳を汚すような話ではございません。この三人、なんとなんと全員が元補欠だったというつまんねえ話をしていただけでございます」タヌキは大きな腹をさすりながら、ニタつく。「ほう、おもろいやん……これ、偶然やろか？」

　補欠たちは息をのむ。三人心理士の卵がいて、三人とも補欠。心理学の教授から見ると、何か深い意味があるというのか。「まさか……運命……ですか？」ジャイアンが安易なことを言う。「ちゃうわ」タヌキはペットボトルの玉露をグビグビ飲む。「田園や」

　特急やくもの窓の外は、深い山の中。田園ではない。タヌキお得意の謎かけギャグなのだろうが、ネタ元がわからない。教授が苛立《いらだ》つ。「……ベートーヴェンやろ」私たちは戦慄《せんりつ》してしまう。かつて監督の機嫌を損ねたときのトラウマがフラッシュバックしたのだ。早くなんとかしないと、見捨てられてしまう。そのとき、頭のいいハリガネがやっと気づく。「交響曲ですね！　運命と田園！　先生、天才です！」教授は目を細める。機嫌が直ったみたいだ。そして、鋭いことを言う。「補欠はな、いつも世界を外から見てるんとちゃうか？」

世界を外から見ている

補欠は世界を外から見ている。そうなのだ。補欠は世界の傍観者だ。私はいつもベンチから試合を見ていた。プレイヤーになれず、プレイヤーたちを外から見ていた。そして、やることもないので、彼らがどんな思いでいるのかを考え続けていた。

「だから、俺たち心理学やってんのか」私はポジティブに解釈した。「補欠は心理学のスーパーエリートなんじゃないか。だって、レギュラーが体動かしてるときに、俺たちずっと心だけ動かしてたもんな」ジャイアンがそれに乗っかる。「そうっすよ、鍛え方が全然違います。僕ずっと監督の心を読んでましたもん。これ絶対天職なんですよ」補欠でよかった！　私たちは突如多幸感に包まれた。苦しい経験が今に繋がっている。いろいろあったけど、俺たちは今ハッピーエンドの中にいるのではないか。だけど、ハリガネは苦々しい表情で吐き捨てる。「でも、お前、一度も試合に出れへんかったよな。監督の心を読めてなかったってことやないか！」

再び重い沈黙。ジャイアンがメソメソ泣き始めた。特急やくもはトンネルに入る。教授はニヤついている。「君らな、三島由紀夫を読んだことあるか？　あれは補欠の文学やな」

私は愛読者で、特に「金閣寺」が好きだった。それは世界を外から見ている主人公の物語だ。彼は人間を恐れている。傷つけられるのが怖いから、他者ときちんと交わることができない。いつも疎外されていると感じる。だから、金閣寺を焼いてその中で死ねば、世界と交われるのではないかと奇妙な考えを膨らませていく。

「世界を外から見ているのは、世界を恐れているからやな」タヌキは言う。ジャイアンがはたと気がつく。「僕ね、ボールが怖かったんです。『キャプテン翼』でボールは友達って言ってたやないですか？　でも、僕はボールは暴力やと思ってました。だってぶつかったら痛いやないですか？」私とハリガネの声がそろった。「俺もだ」

ボールが怖い。いや、ボールだけじゃない。監督も怖いし、チームメイトから仲間外れにされるのも怖いし、試合に出てミスするのも怖い。そして、そうやって怖がっていることを人に知られるのはもっと怖い。そんな臆病な自分が恥ずかしくて、みじめだからだ。だから、何食わぬ顔でベンチに座っている。

なぜ補欠たちは心理士になろうとしたのか。監督の心を読んでいたからではない。そうではなくて、世界と交わりたいと深く願っていたからだ。人間関係を結びながら心について話し合うこの仕事は、臆病で脆弱な魂が恐る恐る世界と交わることを助ける仕事なのだ。野球部なんてとっくにやめて、もう補欠じゃなくなったはずなのに、私たちの魂には補欠の傷跡があって、それを使って補欠的な魂を癒す仕事をしていたのだ。そのとき、教授は言った。ダンディない い声だった。「補欠、ええやないか。いい心理士になろうよ」特急やくもは岡山の市街地に入り減速し始めていた。

ベンチ・ウォーマーズ

しんみりした雰囲気の中で、ハリガネがポツリと呟いた。「なんで全員がレギュラーになれないんですかね」ジャイアンがテキトーに答える。「資本主義のせいじゃないか」私はいいアイディアを思いつく。「いつかさ、俺たちで草野球チーム作ろうぜ。補欠のいないチーム。いや、補欠だけのチーム。ベンチ・ウォーマーズ」二人は同意してくれる。「素晴らしい」

そもそも現代の部活システムが間違っているのではないか。いたいけな思春期の魂を補欠に追い込むなんて、非人道的すぎる。補欠だって人間なのだ。人権をなんだと思ってるんだ！全員がレギュラーで、誰に媚びる必要もない民主主義的な野球チームが必要だ。だから、ベンチ・ウォーマーズ。元気が出てくる。監督は教授しかいない。こんなに深く補欠の苦しみを理解してくれているのだ。

「先生もやっぱり補欠だったんですよね？　ポジションどこだったんですか？」ジャイアンが

尋ねる。そうだ、先生の補欠エピソードも聞きたい。ベンチ・ウォーマーズは傷つきと痛みを共有するケアの共同体なのだ。

するると、待ってましたとばかりにタヌキがしゃべりだす。「陸上部でインターハイにいったよ。激戦やったわ」は？　なに言ってんだ、こいつ。「暑い夏やったな、ライバルがいてさ……」とタヌキは充実した青春を語り始める。なんてことだ。心理士はみんな補欠なのではなかったのか！

「馬鹿なんじゃないか、帰ってくれ！」と言いたいが、教授の機嫌を損ねるわけにはいかない。就職がかかっているし、なにより大学院で干されて補欠扱いにされるなんてまっぴらごめんだ。だから、電車が止まるまで、私たちは卑屈な表情を浮かべながら、教授の話を傾聴し続けた。あの頃、野球部の監督のどうでもいい話に耳を傾けていたときのように。

ネズミのドラクエ

長い長い自粛期間がようやく明けたと思ったら、感染者数は再び増加。大学も少しずつ再開の準備を始めていて、止まった時間がようやく動き始めようとしていただけに、ガックリくる。今後これが何度も繰り返されていくのだろうか。

すると、思い出されるのが、ネズミを「うつ」にする方法。そんなことしてなんの意味があるんだ、と思われるかもしれないが、世の中にはさまざまな需要があるものなのだ。開発中のうつ病の薬が効くかどうかを動物実験で確かめるために、うつのネズミが必要なのである。

やり方はシンプルにして残酷。ネズミを水槽で溺れさせるのだ。しばらくは必死にあがいているのだが、ある段階で「もう無理でチュー」と動かなくなる。もちろん、ネズミはしゃべらないからどう思っているかはわからないけど、自分の力で水から逃れる努力をやめてしまうのは事実である。絶望したのだ。

実験では、この段階で薬を飲ませる。そのうえで、改めて次の日にもう一度水槽で溺れさせ、今度はどのくらいの時間で動かなくなるかを測定する。そうやって、薬が効くのか効かぬのかを検証する（詳しくは加藤忠史『動物に「うつ」はあるのか』を参照）。

ネズミの気持ちがわかる。泳いでも泳いでも、自粛しても自粛しても、コロナは消えない。時間は前に流れていかず、物語が同じところでループしている。そういえば、気温は上がってきたけど、全然夏らしい気持ちにならないし、春の記憶も思い出せない。時間が止まってしまっている。だから、もう無理でチュー。

ホイミを覚える

眉毛の細い30代男性は、過酷な職場でとりわけ過酷な働き方をしてきた戦士だった。だけど、カウンセリングにやってきたときには、完全に追い詰められていた。不安と焦りが四六時中頭の中をめぐっていて、眠ることすらできなくなっていた。彼はそれでも戦い続けるためにカウンセリングにきたのだけど、私には仕事を続けられるとはとても思えなかった。だから、医師の診断書を出してもらうために心療内科を紹介すると、すぐに診断が出て、休職することになった。戦士に必要なのは休養だったのだ。

ただし、彼の場合、その休むことが難しかった。会社にはいかなくなった。でも、気分は休まらない。休んでいることそのものが申し訳なさになって、不安と焦りが募るからだ。結局、家にいても仕事関連の本を読み続け、罪悪感から逃れるためにいっそ違う職場に移ってしまおうと、転職活動を始めすらしていた。戦士の時間は休職しても止まらなかった。「寝ているのにも限界がある。どうしたらいいのか」彼は困っていた。「無駄なことやりませんか？」私は伝えた。「今、スマホでドラクエをやれるんですよ。ひたすらレベルでも上げますかね」彼は苦笑した。「僕のレベルは落ちてますけどね。でもいいかも、ドラクエ、昔好きでした」

彼はドラクエにハマることができた。寝ても覚めてもモンスターを倒し続けたのだ。その無為な時間が仕事をしばし忘れさせ、不安と焦りの暴風を止めた。休めている感覚が出てきて、睡眠も食事も少しずつ回復した。生活リズムが整い始めた。

だけど、しんどいのはそれからだった。「時間が止まったみたいです」そう訴えるようになったのだ。寝て起きて寝る。そういう坦々とした毎日は、社会から切り離されているように感じられた。社会には自分の場所がなく、未来の自分の姿が何も見えない。そう思うと、死にたくなった。これまで焦りによって押しのけられていた「うつ」がようやく姿を現した。彼は絶望していた。「自分はずっとこのままなんじゃないか」

だから、私たちは話し合いを続けた。彼がいたのはどういう職場で、どういう風に働いてきたのか。これから何がしたくて、何をしたくないのか。すると、彼には気づきがあった。なぜ自分は戦士だったのか。「僕はホイミを知らなかったんです」彼は悲しそうに言った。ドラクエの回復の呪文のことだ。「戦ってるだけの戦士じゃ、そりゃいつか死にますよね」痛ましかった。だけど、止まった時間の中で、彼は少し自分のことを知ったようだった。

結局のところ、時間はゆっくり動き出す。ふとしたときに、同僚から一回会おうと誘いがあり、それに応じられる彼がいた。すると、凪が少しずつ吹きこんでくる。人事課から連絡が来る。上司と面談がもたれる。復職の日が決まる。気づけば、以前と変わらぬ社会の渦巻きが迫ってきて、彼を飲み込んでいく。だけど、前とはちょっと違う。彼は適度にサボることができるようになっていた。ホイミを覚えたのだ。「ちょっと変わりましたね」私は伝えた。彼は笑った。「ドラクエの中でホイミを使える僧侶に転職していたんです。だから、現実では転職しないで、もう少しやってみます」

しぶとく待つ、そういう夏

心の回復には時間が止まるフェイズがある。

もちろん、その前に環境を整えなくてはいけない。経済的支援が必要な人もいれば、危険な環境から離れるために一人暮らしできる住まいが必要な人もいる。戦士には休職が必要だったし、ネズミは水槽から引き上げられるべきだ。外界を安全にし、暴風から身を守る。それがファーストチョイス。

そうやって、暴風が収まると、凪《なぎ》の時間が訪れる。風がやみ、時間が止まる。そのとき、私たちはふと我に返り、ぽつんと一人になる。するとようやく、内省が可能になる。落ち着いて、自分のことを考えることができるようになるのだ。ここがネズミと違うところだ。私たちは止まった時間に、過去を振り返り、未来を思う。歴史から学び、そしてちょびっとではあるにせよ自分を変えることができる。

とはいえ、止まった時間は生易しいものではない。そのとき、私たちは孤独で、先行きが見えず、方向を喪失している。コロナがいつか終わるのはわかっている。だけど、その「いつ」がわからないから、苦しい。

それでも待つこと。無理に時間を動かすのではなく、時間の方が動くのを待つこと。社会はいつかは動いて、私たちを巻き込んでいくのだから。様子を見る。なんだかんだで、それがメンタルヘルスの最終奥義だったではないか。水槽の横で、しぶとく待つ。そういう夏。文春も来週は夏休み。連載戦士もしばし休養。

巨匠からの手紙

驚天動地の出来事が起こった。なんと藤子不二雄Ⓐ氏からお手紙をいただいてしまった。いつぞや、この連載で氏の「まんが道」について書いたのが、御目に触れたみたいなのだ。

巨匠である。もちろん世間的にも巨匠だが、私にとっては大巨匠だ。思春期の頃、「まんが道」を何度読み直したかわからない。当時所有していた漫画で、20年を経た今でも本棚にあるのは、「まんが道」と「HUNTER×HUNTER」だけだ。

あの大巨匠が俺の連載を読んでいる。ウキョー！　と浮かれずにはいられない。そこで、親戚中に触れ回ったら、超高齢の祖母がいたく感激してくれて、なんと20年ぶりにお小遣いをもらってしまった。巨匠のおかげで現在大フィーバーなのである。

それにしても、70歳を超える大先輩たちには、手紙を送る文化があって素晴らしい。巨匠に限らず、わが業界の長老たちも、私の論文やエッセイをどこかで見かけると、ときどき短い感想をお葉書で送ってくれる。

あれは嬉しい。意図しないところで、誰かが自分のことをちゃんと見てくれている。世の中に、これ以上に励まされることはないのではないか。遠いところからやって来る手紙には、人生を支える力がある。

褒めるのは難しい

不登校の娘を持つ母親のカウンセリングをしていた。娘は中学2年生になった頃から、人のことが怖くなり、学校にいけなくなった。それから1年、母と私は毎週会って、娘とどう接したらいいかを話し合ってきた。

母娘関係は大変難しかった。心配した母は、一緒に散歩をしようとしたり、家庭教師をつけようとしたり、さまざまに働きかけた。だけど、すべてうまくいかなかった。娘の対人不安は強く、母親も娘の気持ちをうまく理解できなかった。二人はすれ違い、傷つけあっていた。

そのさなか、娘が夜な夜な自撮り写真をSNSにアップしていることが分かった。かわいい洋服を着て、薄く化粧をし、自分を写す。それを名前も顔もわからない人たちが「かわいいね」とコメントして、「いいね」を押した。とても危険なことだった。だけど、娘はそれに心慰められていた。誰とも関われずに生活する中で、自分の価値を感じられるのがそのときだけだったからだ。

もちろん、母親はスマホを取り上げた。そのことで二人の仲はより険悪になった。だけど、このとき母親には気づきがあった。「娘には自信がないんですね」そして、余裕がない中で子育てをしてきた過去を振り返った。「確かに私はあの子のことをきちんと褒めてこなかったかもしれない」

それから母は必死に娘の良いところを探し、ことあるごとにそれを伝えるようになった。食器を下げてくれたこと、いつもより早く起きたこと、そして学校には行きたくない気持ちもあるけど、それでも行こうと頑張っている気持ちもあること。細やかに娘を見て、そして褒め続けた。だけど、それもうまくいかなかった。娘はこれまでとはちがう母親の言動を薄気味悪く感じ、自分を学校に行かせるための策略だと思った。「うるさい！　気持ち悪いこと言わないで！」不信は強かった。母は追い詰められ、絶望していった。ちょうどその頃に、再び娘が自撮りをSNSにアップして、年上の男性とメッセージのやり取りをしていることを知ってしまった。

母の心が折れた。「私が悪いんです、結局ずっと自分のことばかりで、娘のことをなにも考えていないんです」泣き崩れる彼女を前に、私も胸が痛かった。だけど違和感もあった。なぜなら、実際にはこの1年間、彼女は懸命に娘のことを見ようとしてきたからだ。確かに彼女は不器用であったけど、毎週欠かさずカウンセリングに通い、娘の話をしてきたではないか。だから、私は伝えた。「今のあなたには、娘さんのとても小さな変化まで見えているように、僕には見えるんだけどな」彼女は首を横に振り、泣き続けた。だけど、面接の最後に彼女はおずおずと問うた。「本当に先生にはそう見えているんですか？」私は答えた。「はい、信じられないと思うけど」そして付け加えた「それは娘さんがあなたを信じられないのと同じかもしれないですよね」

母は持ちこたえた。娘の小さな変化を見続け、そうやって変化しようとしている娘の頑張りを褒め続けた。娘は次第にそれを嫌がらなくなった。そして、あとから、あのとき最初は恥ずかしかったのだと告白したのだそうだ。娘にもまた、母の頑張りが見えていたのだ。そのとき母娘は、久々に二人で笑った。

よく見てくれている

「見られる」はふしぎだ。それは見張られていることでもあり、見守られていることでもある。どちらかというと、普段の私たちは「見張られている」を感じることが多い。社会は厳しい。気を抜くと叱られるし、失敗の責任は追及される。見られたくないところばかり、見られているような気がする。

だけど、ときどき、社会は意外に優しいのではないかと感じるときもある。見せているつもりのなかったものまで、よくぞ見てくれていたと感じるときがあるからだ。遠くから来たる手紙もそうだし、あの母と娘に起こったのもそれだと思う。

私たちは普段、自分の悪いところを隠して生きている。それはこの社会で生きるのには大事なことだ。だけど、それだけじゃない。良いところも隠して生きている。というか、自分の良い部分を良いものだとはなかなか思えないから、人には見えないところに置いている。そして、自分でもその存在を忘れてしまう。

それがあるとき、発見される。よく見てくれている人には、見えるのだ。あの母が懸命に娘のことを思っていたこと、あの娘が懸命に苦しいことを乗り越えようとしていたこと、そういうものは自分では見えないけれど、外からは見えた。そして、「見えている」と伝えられると、自分でも実感できる。

「見てくれている」これが貴重なのだ。それは幼い頃には比較的簡単に手に入ったけど、大人になった今ではめったに手に入らないものだ。人を褒めるのが難しいのは、言葉のテクニックの問題ではなく、「よく見る」のが難しいからだ。だから、もし、他者のいいところを偶然見かけてしまったら、率直に伝えると良い。それは幸福な瞬間なのだ。

ということで、巨匠を見習って、私もこれから筆まめになろうと思う。後輩が書いた論文を見かけると、これまでは「こいつ、論文書きやがって」と嫉妬に狂っていたが、もうやめます。一筆「素晴らしかったですよ」とダンディに書くことにしよう。あ、遠くにおられる皆様、同じように、僕にもダンディな手紙を送ってもいいのですからね。ここに付言しておきます。

ウヒウヒグマのズバババババー

「トゥーンブラスト」というゲームをご存じだろうか。え、知らない？　それはいけない。お手元のスマホにダウンロードしてみてください。アプリストアにウヒッといやらしく笑うクマがいるはずだ。だけど、すぐにアンインストールしないといけませんよ。ここが肝心。ハマってしまうと、あなたの頭の中がブロックとか爆弾とかロケットだらけになってしまって、この本とかどうでもよくなってしまうから。

と、ここまで200字を書くのに、もう10回以上プレイしている。という一文を書くのにさらにもう1回やってしまった！　やめられないのだ。ああ、ウヒウヒグマに脳みそを汚染されている。ただブロックを消していくだけの単純なゲームなのに、爆弾とロケットを合体させるとソニックが発生して、ズバババババー！　と大量のブロックを破壊するから、脳みそが快感に打ち震えてしまう。

誰か助けてくれないか。今週はスケジュールを間違えて、締め切りが二つも重なっているのだ。貝のブロックを爆破している場合ではない。それなのに、脳みそがズバババババーを求めていて、ついついスマホを触ってしまう。いかん。アンインストールするしかない。と決意するのだが、ウヒウヒグマが脳みそのドアをノックしてくる。「ズバババババーって気持ちいいよね、ウヒ」やめてくれ。本当に忙しいんだ、俺は。ウヒウヒグマは畳みかけてくる。「忙しければ忙しいほど、ズバババババーって気持ちいいよね、ウヒヒ」そうなのだ。追い詰められているからズバババババーしてしまって、ズバババババーするから余計に追い詰められる。だから、困ってる。

リストカット

名門高校を中退した後、コンビニでアルバイトをしていた若い女の子が、心療内科から紹介されてきた。リストカットをやめられないのが理由だった。彼女は自分が嫌いだった。自分は性格が悪く、醜い。みんなに嫌われているから、いない方がいい。実際の彼女は大人びていて美しかったのだけど、本人はそう思っていた。そして、そういう思いがせりあがってくると、腕を切った。すると、しばし心を麻痺させることができた。

印象的だったのは、彼女がうまく話をできなかったことだ。日々の様子を聞いても、「普通です」とか「大丈夫です」としか言えず、沈黙することが多かった。自分の気持ちを言葉にして他者に伝えることが難しかったのだ。それでも、時間を重ねる中で、少しずつ話題は広がっていった。そして半年が経った頃に、彼女は母のことを語った。

母は優秀な人で、順調にキャリアを歩んでいた。それだけではない。家庭に無関心な父とは違って、家事を完璧にこなし、娘の教育にも責任をもって当たっていた。強い人だったのだ。だからなのか、母には娘の抱えている自己否定感がよくわからなかった。希望を失った彼女が高校を中退したときも、母はそれを新しい夢への挑戦だとポジティブに捉えた。そして、彼女が家で過呼吸を起こしたときは、「気持ちの問題よ」と強くあることを求めた。家には彼女の脆《もろ》さの場所がなかった。それは痛ましいことだった。だけど、彼女自身は自分が母に迷惑をかけていると感じていて、それがつらくて、腕を切った。

そう話した次の週から、彼女はカウンセリングに来なくなった。連絡もなかったが、私は待った。果たして1か月後、彼女はまたやってきた。そして「普通に過ごしてました」と平然と言った。ここが彼女の苦しさだ、私は思った。だから、伝えた。「前回、苦しい胸の内を漏らしたことで、僕にも迷惑をかけたと思ったんじゃない?」彼女はしばらく沈黙してから、「ずっと家で切っていました」とつらそうに言った。長袖の隙間から、治りかけのピンクの傷跡に、新しく赤い切り傷が走っている手首が見えた。

必要なのは苦しさを自分でなんとかすることではなく、人になんとかしてもらうことだ。そのためには母親の協力が必要だ。私はそう伝えた。彼女は最初嫌がった。迷惑をかけたくない。だけど、何度か話し合いを重ねる中で母を面接に呼ぶことにしぶしぶ同意した。

母は娘のリストカットに衝撃を受けた。知らなかったのだ。そして、娘のことが理解できず、どう接したらいいのか困りきっていたと語った。それが転機だった。もちろん長い時間がかかった。不器用にしか頼れない娘と、不器用にしかケアできない母の間には何度も摩擦が起きた。だけど、摩擦とは二人が一緒に居られるように、互いの形を研磨することでもある。次第に二人は互いに慣れることができた。過呼吸やリストカットをしなくても、母と思いを共有できるようになったのだ。最後に会ったとき、彼女は半袖のTシャツを着ていて、白く美しい腕を無防備にブラブラさせていた。

心の中の治療者

私たちの心の中には治療者が住んでいる。その治療者は働き過ぎて疲れ果てたときに酒を飲もうとかスイーツを食べようと勧めてくる。私のウヒウヒグマもその一人だ。締め切りが重なって追い詰められているから、ズバババババーとブロックを破壊してスッキリしようぜと言ってくるのだ。自分で自分を癒す。確かにそれは私たちのつらさを一瞬麻痺させてくれる。

あの美しい彼女にとってのリストカットもそうだった。それは苦しい気持ちを消すために行われていた。だから、リストカットだけやめさせようとしても、うまくいかない。それでは苦しさを処理しきれなくなるだけだからだ。かといって、そのまま見過ごすわけにもいかない。アルコール依存症がそうであるように、自分を癒すものは、過剰になると自分を支配し、損なうものに変貌してしまう。

このとき、二つの解決策がある。ひとつは複数の小さな癒し方を準備しておくことだ。究極の癒しが一つあるよりも、ちょっとだけ有効な癒しが30個ある方が、ずっと安全だ。もうひとつは彼女がそうしたように、勇気を出して他者に頼ることだ。自分で自分を癒すのではなく、他者に癒してもらう。これを心の中の治療者は忘れやすい。他者は私たちを傷つけることもあるけど、助けてくれるものでもあるのである。

と書いている間に、トゥーンブラストのレベルが30も上がってしまった。やりすぎだ。だけど、その間に同じチームのブラジル人が私の3倍はポイントを貯めているので驚愕する。ああ、こいつもウヒウヒグマにやられちゃっている。なにかつらいことでもあるのだろうか。

余はなぜジャニーズ退所に夢中になりしか

ご存じの通り、締め切り恐怖症を抱えているので、早め早めに原稿を書くタイプだ。これは精神衛生的には余裕をもてていいのだが、弱点もある。原稿が掲載されるときには、話題の鮮度が腐敗寸前なのだ。天橋立から牛車《ぎっしゃ》で運ばれてきたサバ状態である。

それでも書かずにはいられないのが、TOKIO長瀬君のジャニーズ退所。またジャニーズの話かよ、と呆れられるかもしれないが、しょうがない（著者注：あまりに過剰なので、単行本化する際に大幅に削りました）。人生は反復である。昨日速報が流れてからずっと、長瀬君のことばかりをネット検索し続けている。完全に無駄な時間だ。出てくるのは同じような情報ばかりだし、そもそも自分が何を知りたいのかもわからない。それなのに、やめられない。ああ、俺のオールを長瀬君に任せてしまっている。

自分でもふしぎだ。普段からジャニーズの動向を細かく追っているわけではない。それなのに、退所のニュースが流れると途端にオールを奪われてしまう。なぜなのだろう、と考えていると、ここに実は心理学の核心があるのではないかと気づく。だから、余はなぜジャニーズ退所に夢中になりしか、これが今回の問いだ。

なぜ一緒に居るのか

「うまく眠れないのね」とその上品な老婦人は言った。ふしぎな訴えだった。時間としては十分眠れていて、睡眠の質も悪くなかったからだ。だけど、よくよく聞いてみると、入眠前に、考えごとをしてしまう時間があって、それで「眠れない」と感じているとのことだった。

彼女が考えていたのは、父との幸福な記憶だった。幼い頃に庭で一緒に蝶を採ったこと、大学の入学式のあとにレストランにいったこと。なぜ今になって、そんなたわいもないことが思い出されるのかわからない。彼女はそう語った。

私にもよくわからなかった。だからひとまず、様子を見ることにして、しばらく会い続けることにした。すると、考えごと自体はすぐに消失した。私は特に何もしていないのだが、彼女は眠れるようになった。

しかし、彼女は来談をやめなかった。ふしぎな人だと思った。問題解決後も、自分の話をし続けたからだ。何不自由のない恵まれた家に育ち、同じように恵まれた家に嫁いだ。夫は優しく、経済的にも頼りがいがあった。子どもたちは立派に育ち、すでに独立した。今は定年した夫と二人で暮らしていて、趣味のピアノを楽しんでいる。そしてときどき、孫を預かるのを楽しみにしている。

幸せそうに見えた。実際、彼女も繰り返し自分は幸福なのだと語っていた。それなのに、なぜカウンセリングに来るのか。それがわからないから、私はなんとも居心地が悪かった。

あるとき、会話の切れ目に率直に聞いてみることにした。「なんのために、私たちはここに居るのでしょうね」彼女は不意を衝かれたようで、言葉を失った。遅れて意味が伝わると、しどろもどろになり、気まずい雰囲気になった。

次の週、彼女は珍しく深刻な表情だった。「先生の言葉に傷つきました」ここに来てはいけない、と言われたように感じたのだ。だけど、彼女は続けた。「でも、思ったんです。なぜ一緒に居るのか、そのことを今まで考えてこなかった」一呼吸置いて、彼女は苦しそうに絞り出した。「私は夫が嫌いです」

その結婚はお見合いだった。父が相手を決めてきたから、「お願いします」と彼女は従った。その前も、その後もそうだった。結婚前は進学も進路も父が決め、結婚後は新居も子育ての方針も夫が決めた。そして、二人の余生の形もすでに決まっていた。幸福ではある。だけど、「なぜ一緒に居るのか」を自分で決めていない。そしてそれを考えさせてくれないから、夫も、そして父も嫌いだった。幸福な父の記憶には裏面があったのだ。

それから、カウンセリングは心と向き合う時間になった。シビアでタフな時間だった。自分の人生は空っぽだったのかもしれないと、彼女は語り続けた。だけど、あるとき彼女は夫に直接問いかけることができた。「なぜ一緒に居るのか」夫は予期せぬ問いに狼狽し、夫婦関係は混乱した。さまざまな難しいことが生じた。だけど、最終的に二人はそれを話し合うことができた。彼女は前より強くなっていたし、夫も誠実な人だったのだ。嵐が過ぎると、二人はつながり直すことができた。すると今度こそカウンセリングにも終わりがやってきた。最後の時間に、彼女は言った。「こうやって話し合えるなら、これからも一緒に居たいなって思えたんです」

ポツンと一人

私たちは普段、心のことを考えない。バンド仲間と「LOVE　YOU　ONLY」を熱唱しているとき、あるいは家族の支えのもとに忙しく子育てをしているとき、つまり周囲にふんわりと包まれているとき、私たちは心のことなんか忘れて、働いたり、遊んだり、愛したりしている。それで十分だ。

だけど、ときどき、そこに亀裂が入る。たとえば、子どもが独立し、夫が定年を迎えたとき、心に空白が生まれる。「なぜ一緒に居るのか」と疑念がよぎる。それが「このままジャニーズに居ていいのか」という疑念のときもある。家族や組織やグループ、つまり「みんな」から離れたところで、ポツンと一人になるときがある。そのとき、私たちは心に向き合い始める。私は何がしたいのか、そもそも私とは何か、そういう問いがやってくるのだ。

余はなぜジャニーズ退所に夢中になりしか。そこにこそ「心」があると思うからだ。私が検索してみつからなかったのは、長瀬君の心だ。TOKIOから離れて、ポツンと一人でいる長瀬君を想像して、心を感じる。そして、長瀬君を見送り、株式会社TOKIOを設立する他のメンバーたちも、それぞれの孤独の中で心と向き合ったのだろうと想像してしまう。

心は孤独に宿る。だから、孤独を感じる芸能ニュースに夢中になってしまう。心理士という商売は因果なものだと思う。いや、違う。あなたもそうではないか。テレビの裏側にある孤独な心を予感するから、私たちはこんなにも芸能ニュースが好きなのではないか。ヤメジャニたちと同じように、私たちもまた、「一人」と「みんな」の間を行き来しながら生きている。心が姿を現すのは、そういう狭間《はざま》の時間だと思うのだ。

脳内都知事と夏のコウモリ

特別な夏である。高校最後の地区予選でライバルチームに惜敗《せきはい》したその夜の花火大会、ずっと片思いをしていた幼馴染みと偶然鉢合わせてしまった「特別な夏」……ではなくて、お盆直前になって都知事から突如申し渡された方の「特別な夏」。帰省も旅行も控えてくださいと言われてしまったので、大人しく家で原稿を書いていた。まるで羊のように従順な私。

ただ夕方、ルノアールにだけは行こうとした。今書いている本が泥沼化しているので、喫茶店で、気分を変えたかったのだ。だけど、家を出た瞬間から、残酷に微笑む脳内都知事が「それは特別な夏って言えるのかしら?」と言ってくる。「け、検温もしたし、マスクもしているし、特別なルノアールなんですよ!」と慌てて頭の中で反論するも、「あら、ご立派! あなたがそう思うのなら、そうなんじゃないの?」と嫌味で返される。

ああ、一事が万事この調子。脳内都知事に見張られているので、ルノアールを諦める。せめて夏の雰囲気を味わいたいと思って、森のある大きな公園を散歩することにした。何組かの親子が、何かを探してウロウロしている。こんな都心にカブトムシでもいるのだろうか。と思っていたら、小さな子どもが大きなクシャミをする。母親が慌てて駆け寄り、マスクをするようきつく注意。不安が伝わってくる。夕暮れの公園でも、脳内都知事は消えることがない。

居眠り心理士

若い頃、小学校で相談員をしていた。教室に居られなくて相談室に登校してくる子どもたちと、一日を過ごす仕事だ。

背の低い少年がいた。彼がクラスに馴染めなくなったのは、まじめすぎたからだ。「それはやっちゃアカンねん」とか「先生が言ってはったで」とかと、クラスメイトを注意して回って、浮いてしまったのだ。複雑な家庭環境を抱えていたから、行き場のない気持ちがあったのだと思う。

相談室でも、彼はまじめだった。他の子たちは思い思いに遊んだりもしていたけど、彼だけはひたすら教師から与えられた課題に取り組んでいた。だから、勉強のことか、他の子のサボりを注意してほしいという訴えが、私たちの会話のほとんどだった。雑談をしようと試みたこともあったけど、うまくいかなかった。教室に行けていない自分は、課題以外をしてはいけないと思い込んでいるみたいだった。

ある日、出勤すると、相談室には彼しかいなかった。大変なことになった、と思った。他の子がいれば、遊んだりおしゃべりしたりもできるが、彼と二人きりだと、することがない。どうやって一日時間をつぶせばいいのか。

予感は的中した。淡々と課題をやり続ける彼を見守る以外に私には何もすることがなかった。あっという間に眠たくなった。何度か顔を洗いに行ったし、少年にトランプを持ち掛けたりもしたのだが、相手にされなかった。なんとか午前中は耐えたのだが、給食のカレーを食べた後に限界がやってきた。午後の課題に取り組む彼の背中を見ていたら、意識が…途切れた……。

「先生！　寝てるやろ！」少年の声で目が覚めた。「いや、寝てないよ」私はとっさに誤魔化した。「寝たふりしてみたのよ」彼は興奮していた。「嘘や！　絶対寝てた！　先生なのに、あかんで。校長先生に言ってくる！」彼は職員室に走っていった。

それからは大変だった。校長先生は笑って許してくれたが、少年はありとあらゆる人に「この先生は仕事中に寝る人やねん、しかも嘘もつくねん」としゃべりまくったのだ。私の悪行は子どもや教師だけではなく、保護者たちにまで知れ渡った。恥ずかしくて死にたかった。

だけど、その後しばらくして、彼は少し変わった。課題の合間にみんなで雑談をするようになったのだ。彼は居眠り事件の話で周りを笑わせた。そしてなんと、課題中にウトウトするようにすらなった。何かがゆるんだのだ。それは彼が人と一緒に居ることを可能にした。その円は広がっていき、半年後に彼は教室に戻ることができた。ときどき廊下で会うと、彼は嬉しそうに走り寄ってきた。「寝ぐせついてるで、また寝てたんとちゃうやろな？」そう言って、白い歯を見せて笑った。

心の中の取り締まり

誰かを取り締まってしまうのは、自分が心の中で取り締まられているからだ。あの少年はクラスメイトを注意して回っていたけど、本当は自分自身のことをずっと注意していたのだ。だから、仕事中に寝たふり（！）をした私が、それでも普通に働き続けていることは、彼にとって新しい体験だったのだろう。それはふまじめなクラスメイトを許容することであり、自分のふまじめな部分を許すことでもあったのだと思う。不完全さを許せないと、私たちは人と一緒に居られなくなってしまう。

そういう意味で、私たちは今、難しい時期を過ごしている。ちょっと体調が悪くなるだけで不安になり、マスクを忘れて外出しただけで慌ててしまう。楽しいはずの夏休みの公園が、クシャミ一つで緊迫してしまう。みんながみんな、心の中に都知事とか保健所とか警察をウヨウヨさせているからだ。

だから少しゆるめた方がいい、それはみんなわかっているとは思う。自分も周りも許せた方がいいに決まっている。それでも、ウィルスというソリッドな現実を前にすると、私たちは立ちすくんでしまう。やっぱり心の中の取り締まりをやめない方がいい気もしてくる。どうしたらいいのだろう。心理士にもわからない。

と考えていると、声がする。「いた！　飛んでる！」子どもたちが空を指さし、叫んでいる。

「ほんと！」と親たちも興奮している。指の先を見ると、晩夏の夕暮れをひらひらと飛ぶ黒い影が見える。カブトムシじゃない、鳥でもない。「コウモリ！」子どもたちが飛沫《ひまつ》を飛び散らせて叫ぶ。私も興奮してしまう。なんてことだ、都心の公園にコウモリが飛んでいるとは！

ああ、夏が終わる。コウモリがウィルスを運んできた説があるけれど、もってきたんだったら、もって帰ってくれたらいいのに。でも、もちろんそんなことは起こらなくて、コウモリは「特別な夏」だけを運び去っていく。と、無駄にブンガク的なことを思った自分を笑いながら、スマホでバシャバシャと空を撮った。

アラビアン・ナイト・イン・ザ・タクシー

心理士なので、話を聴くことを生業《なりわい》にしているのだが、どうやら普段は馬耳のようである。会議なんかに出席しても、諸先生方の叡智に満ちた意見がすべて念仏のように聞こえてくる。するとついついありがたい気持ちがしてきて、亡き祖父の成仏を祈っているうちに会議が終わる。バジー東畑と陰口をたたかれる所以である。

マシンガントークを売りにする漫才師が楽屋では寡黙なのと同じですよ、プロってそんな感じなの、と釈明することにしているのだが、他の心理士が会議で故人を偲んでいるところを見たことがないので無理筋かもしれない。

とはいえ、私の馬耳にも例外が一つだけある。タクシーだ。特に深夜のタクシーに乗っているとき、私の馬耳はダンボ耳へと変身する。運転手さんの話が面白いからだ。お客さんが料金を払おうとしないのでトラブルになった話や、酔っ払いに車内で吐かれた話。あるいは、家出少女を保護した話。タクシーという密閉空間では、さまざまな事件が発生している。彼らは、そのディテールを面白おかしく、そしてカラフルに語るので、聴いていて大変楽しい。シェヘラザードから物語を聴かせてもらう王様の気分。アラビアン・ナイトなのだ。

霊と金

大好物は怪談。タクシーに乗り込み、行き先を告げた次の瞬間、「恐縮ですが、怖い話とかってあったりします？」と尋ねるのが習慣になっている。さぞや、いやしい顔つきをしていることだろう。

経験上、怪談を聴けるかどうかには地域差がある。東京のタクシーだと、多くの場合、「はぁ？」と怪訝《けげん》な顔をされて、雰囲気が悪くなる。そういうときは一度撤退して、天気とか景気の話でお茶を濁す。そして、ちょっと場が温まったら、「そういえば、怖い話とかもあったりしません？」と再チャレンジする。その結果、重たい口がひらき、めくるめく幽霊話が展開することもごくたまにはあるが、「ないよ、そんなの」と冷たくあしらわれるのがほとんどである。ときには、怒り狂った酔っ払いにからまれた話になることもあるが、それは「本当に怖かった話」であって、怪談ではない。東京の夜は明るすぎて、幽霊の住まう場所がないのかもしれない。

この点で、沖縄は素晴らしい。少なくない運転手さんが「あるさ、アッチの話だろ？」と物語り始める。乗せたはずのお客さんが振り返ったらいなかったという定番の話から、絶対に人がいないような場所で真っ白な服を着た人が手を挙げていたから、周りを見回したら墓地だったという話。あるいは、気づくと後部座席に猫の死骸が置かれていたという意味が全然わからない話。ゾッとして、ヒエーってなるエンターテインメントを次々と繰り出すのが沖縄の運転手さんである。沖縄の夜は闇が濃くて、霊がウヨウヨしている。

じゃあ、東京のタクシー物語が味気ないのかというと、全くそうではない。確かに東京では霊の話は盛り上がらない。その代わり、金の話は異常に盛り上がる。東京の運転手さんは、お金を稼ぐことについて物語る。

東京から九州までお客さんを乗せていって巨額を稼いだ話は、福の神を迎え入れた現代の民話のようだし、どこの地域でどの時間にどのようにタクシーを流すと儲かるかの話は、ベンチャー企業のＣＥＯマインドを聴いているような気持ちになる。タクシーで稼ぎ過ぎると年金が減らされる可能性があるから、仕事をセーブして、余ったお金でスナックに通うのが無上の喜びだと聴くと、人生っていいなぁと思える。

鉄板ネタなのは、個人タクシーとして独立するまでの物語だ。資金を貯め、権利を譲渡してもらうために先輩に媚びを売り、道交法を守りまくる。さまざまなトラブルや困難を一つ一つ処理しながら、ついに勝ち得たその個人タクシーに私は乗っているのだ。「自由はいいですよ、大変だったけど、独立してよかったです」そうさわやかに語られると、運転手さんが大きな旅を成し遂げた英雄のように見えてくる。もはやオデュッセイア。叙事詩なのだ。

物語は傷跡である

深夜のタクシーでさまざまな話を聴いていると、物語というものがどこからやってくるのか少しわかる。たとえば、沖縄の運転手さんたちは、濃厚な怪談をしたのちに、必ず言い添える。

「あのあたりは、いっぱい死んだからよ」

そう、幽霊の出るショッピングセンターも、国道も、電照菊《でんしょうぎく》の畑も、かつては戦地だった。そこでは鉄の雨が降り、集団自決があった。土地には傷ついた記憶があり、それが霊をめぐる物語を呼び起こす。

同じことは東京でもいえる。彼らがお金をめぐる物語を面白おかしく語るとき、その背景にはお金を稼ぎ続けないと生きていけない街の苦しさが響いている。そして、そのためにさまざまな理不尽と忍耐を強いられた彼らの記憶が渦巻いている。

物語は傷つきを核として生まれてくる。日々のカウンセリングもそうだ。クライエントが語るのは物語未満のお話だ。それはまだ生傷であり、痛みがあるから、物語にはなっていない。核だけが剝き出しになって、きれぎれの話が散乱している。だけど、それを何度も何度も語りなおす。一つの出来事を、違った角度から、違った文脈で。すると、きれぎれの話が少しずつつながっていく。物語になっていく。そのとき、生傷はかさぶたになり、薄い皮膚に覆われるようになる。物語るとは、傷を柔らかい皮膚で包み込んでいく営みだ。だから、物語とは本質的に傷跡なのである。

アラビアン・ナイト・イン・ザ・タクシー。深夜の街を走るシェヘラザードたちはエンターテイナーだ。その物語は笑えて、ゾッとして、グッとくる。私がタクシーを降りるとき、彼らはちょっと恥ずかしそうに言う。「こんな話聞かせちゃってごめんね」私はお礼を言う。「いえ、いい話を聞かせてもらいました」するとときどき、料金の端数を割り引いてくれる。10円とか20円とか。その小さな金額が、物語ることそのものに価値があり、物語を聴くことに意味があるという私の仕事の根幹を思い出させてくれる。

ニコチンパンジー殺し――顕れるニコチンパッチ編

「人間もすなる禁煙といふものをニコチンパンジーもしてみむとてするなり」という書き出しのワード文書がパソコンの奥底から出てきた。ファイル名は「禁煙日記」。何年前だろうか、懐かしい。かつて禁煙に取り組んだ秋があったのである。

思えば、タバコを吸い始めたのは、大学時代だった。同じサークルのイケメンがカッコよくタバコを吸っていたのがその理由だ。タバコをちょいとくわえてみれば、俺もイケメンになれるかも、と思ったのだが、結果ニコチンパンジーになっただけであった（おお、人生、お前というやつは！）。

どこに出かけてもまずは喫煙所の場所を確認するようになり、喫煙所を見つければ、大雨だろうが台風だろうがびしょ濡れでタバコを吸う。そして、タバコの吸い過ぎで気分が悪くなれば、気分を変えるためにさらにタバコを吸いたくなる。内なるチンパンジーが、ニコチンを摂取するためだけに、私を操縦するようになったのだ。ああ、俺の自由意志はどこへ消えた？

と忸怩《じくじ》たる思いだったのだが、禁煙しようなんてことは考えもしなかった。そういうことを考える余力も与えないほどに、支配は完璧だったからだ。私の自由意志はニコチンパンジーホールディングスに買収されて、末端子会社になっていたのである。

だけど、人生を変える出会いがあった。とある山荘で開催された仮面舞踏会に出席したときのことだ（嘘です、有楽町での学術系の会議です）。禁煙治療を専門とする著名な女性医師と知り合った。「タバコください！　3メートル離れてちょうだい！」と怒鳴られるところから始まった出会いだったが、20分後には私は禁煙を決意していた。「ニコチンパッチを使って、日記をつけるのよ。あなたは禁煙できる、目を見ればわかる」禁煙師匠がそう言ってくれたからだ。こうして、私の自由意志によるニコチンパンジー殺しが始まった。以下にその苦闘の記録をお届けしたい。

禁煙日記（抜粋）

9月21日
禁煙3日目。もう吸ってしまおうかと思ったが、師匠の顔が浮かび、我慢。でも、タバコ吸いたいなぁ。いかん、気分を変えるためにデニーズへ。もちろん禁煙席。空気がすがすがしくて良い。それなのに喫煙席から副流煙が流れてくる。……いい匂いだ。ちょっとだけ嗅いでこようかな。いかんいかん、ニコチンパッチをモミモミして皮膚からニコチンを摂取。ああ、タバコ吸いたい。とか考えていると、人生の他の悩みがすべて吹っ飛ぶ。吸うか吸わぬか、それが問題だ。ハムレットも禁煙したら、余計なこと考えないで済んだんじゃないかな。

9月22日
ちょっと慣れてきたかも。タバコを吸いたいと思わない時間が出てきた。一つ偉大な発見があった。ニコチンパッチを貼って外で深呼吸をすると、タバコを吸っているのと同じ気持ちになれる。ニコチンパンジーはニコチンさえ摂取していれば、大人しくしていてくれるのである。

9月25日
ほぼ吸いたい気持ちがなくなった。これが自由ということなのか。タバコを気にせず暮らせるなんて、いつ以来だろうか。すべて禁煙師匠の言うとおりだった。すごい人です。ところで、ニコチンパッチは、はがしたあとが尋常じゃなく臭い。嫌になる。ニコチンパンジーも馬鹿だなぁ、こんな臭いものに夢中になって。よし、決めた。ニコチンパッチともおさらばしよう。ニコチンとの最終決戦なのだ。独立記念日はもう間近だ。

9月27日
戯《たわむ》れに副流煙でも吸ってみようかなと思って、駅の喫煙所に寄ったら、同僚の先生がタバコを吸っていた。哀れなチンパンジーだなぁと思って、いかにタバコが体に悪いかを説教していたら、1本くれた。超絶うまかった。マジ幸せ。

9月29日

あぁ、最強にタバコ吸いたい。そもそも禁煙というのはタバコを吸っていない状態のことだけをいうのか。タバコを吸いながら禁煙もしているということは無理なのだろうか。師匠の禁煙概念はあまりに了見が狭いのではないか。ポストモダンなんだぞ、もっと多様性に開かれるべきだろ。と考えていたら、なぜかタバコを買っていた。うまい。あと3本吸ったら、禁煙を再開する。

10月3日

禁煙のやり直しに成功している。もう3日吸っていない。気持ちのいい朝だ。昨晩の飲み会でも、悪魔の手先がタバコを勧めてきたけど断った。もうニコチンパンジーには騙されない。あいつは詭弁《きべん》を弄《ろう》するが、結局タバコ吸いたい以外のことを何も言っていないのだ。ニコチンパッチも今日でやめる。ニコチンからの絶対的離脱。いや、最終解脱だ。不退転の決意。

今、13時。面倒くさい仕事を頼まれたら、超絶吸いたくなってきた。ヤバい。頭がクラクラする。タバコ吸いたい。師匠にメールしたら、「10分我慢しなさい」と返ってきた。さすが師匠。ニコチンパンジーには波があるから、このつらさは絶対過ぎ去るはず。確かにそうだと思う。でも、もし、過ぎ去らなかったら……。

……買ってしまった。大雨の中、コンビニまで行ってしまった。いや、買ったからといって吸うとは限らないです。吸わないよ、箱を見て楽しんでるだけだから。いや、待てよ、買ったということは、俺は吸う気満々なんじゃないか。迷っているふりをしているだけなんじゃないの？　吸えばいいじゃん。いや、吸っちゃダメでしょ。吸ったらクズだわ。

ふひゅーーーーん！　吸った！　うますぎる！　なんだこれ！　うますぎでしょ！

罪悪感。なにしてんだよ、俺は。禁煙師匠からメール。「過ぎた？」こんなの返信できない。俺はクズだ。もう人間じゃない。ただのニコチンパンジーだ。またメールが来る。「吸ったのね？」そうだよ、吸ったのよ。なんて言えない。師匠を裏切ってしまった。死にたい。と思うほど、吸いたくなって、また吸ってしまう。嗚呼《ああ》、この日記自体が欺瞞《ぎまん》だ。作者は自由意志じゃなくて、ニコチンパンジーだったのだ。俺は一体何をしているんだ。みじめすぎて泣いてしまう。すると、再度師匠からメール。「吸ったのよね。明日外来にきなさい。まだチャンピックスがあるから」え？　チャンピックス？　なんだそりゃ？

と、ここで紙幅も尽きたので、「ニコチンパンジー殺し」は後編へと続く。

ニコチンパンジー殺し——遷ろうチャンピックス編

前回までのあらすじ。ニコチンパッチを使った禁煙に失敗し、人間としての尊厳を失いかけた私。救いの手を差し伸べたのは禁煙師匠だった。「チャンピックス」という世にもふしぎな秘薬を処方してくれるという。果たしてその効果やいかに⁉ そして、禁煙は無事大団円を迎えられるのか⁉ ということで、禁煙日記の続きをどうぞ。

続・禁煙日記（抜粋）

10月4日

チャンピックス、脳がニコチンを摂取しないようにしてくれる魔法の薬。タバコを吸っても「うまい！」と感じなくなるのだそうだ。しかも、薬が効くまでに時間がかかるので、最初の1週間はタバコを吸ってもいいらしい。師匠から「あなたはどうせ吸うんでしょうけど」と嫌味を言われたのには傷ついたが、気兼ねなく吸えるのはうれしい。

10月9日
普通にタバコがうまい。全然効いてこないぞ、チャンピックス！　と、思っていたけど、午後には、味が薄くなってきた。口の中に気持ち悪い感じが残る。すごいなチャンピックス！　これで明後日から、ついに完全禁煙だ。俺は新しい人生をはじめる、さよならニコチンパンジー！

10月15日
タバコが吸いたい。チャンピックスのおかげで苦しさはマシになっているはずなのに、超吸いたい。おかしい。調べたら、ニコチンがないせいで、脳がドーパミン不足になっているみたい。ということは、自力でドーパミンを出せばいいのではないか。そこで大声を出してみる。あーーーー！　ちょっとドーパミンが出たかも。あぁ、タバコ吸いたい。

10月18日
人類史を覆す大発見。昨日の飲み会、同僚がタバコをくれたので、吸ってみたら、これが激マズ！　セメダインの味がした。本当にびっくり。宇多田ヒカルが最後のキスはタバコのフレイヴァーがしたと歌っていたが、そのときチャンピックスを飲んでいたらセメダインフレイヴァーのキスになっていたはずだ。ニガくて、接着剤の香り。

それにしてもたかが薬を飲むだけで、これまで美味しかったものが不味くなってしまうなら、知覚ってなんなんだ！　愛も記憶もすべて脳の錯覚なのではないか？　恐ろしいことだ、と禁煙師匠にメールしたら、「吸ったのね？」とすぐに返信が来た。

10月20日
久々の禁煙外来。呼気を測定したら、一酸化炭素濃度が「3」ｐｐｍになっていた。最初は50以上あって「危険なほどの常習的喫煙者」カテゴリーだったのに、今や「非喫煙者」カテゴリー。成果は着実に出ていて、テンションがあがる。でも、禁煙師匠から「あなた、怪しいわね。なんだかんだ理由をつけて吸うわよね」と嫌味を言われた。こんなに頑張っているのに……悲しい……タバコ吸いたい。ニコチンパンジーは孤独になるとタバコを吸いたくなるのよ。まあ、いっか。今晩、飲み会だから、誰かが1本くれるかも。

10月27日
久しぶりの日記となってしまいました。この間のことを告白します。飲み会でタバコをせびるのが癖になり、危険なほど常習的になっていました。喫煙者の皆様は人の禁煙を失敗させることに無上の喜びを感じるみたいで、皆こころよくタバコを恵んでくださいました。悪魔のような方々だと思います。だけど、昨晩出会ったのは、本物の悪魔でした。大学時代の後輩ハリガネさんです。私が禁煙していると打ち明けたのに、ハリガネさんは一向にタバコを下さる気配もなく、上機嫌でタバコを吸っておられるのです。ふしぎに思って、お尋ねしました。禁煙している人にタバコをあげたくならないか？　ハリガネさんは言いました。「そりゃあげたいですよ。だけど、そのせいで禁煙が失敗して、尊敬するバジーさんが早死にしたら、僕は悔やんでも悔やみきれないです」勝ち誇ったお顔をしておられました。「ありがとな、絶対禁煙成功してみせるよ、お前も禁煙した方がいいぞ」と挑発してみたのですが、やはり一向にタバコを下さる予兆がありません。しょうがないのでハリガネさんのタバコをジトーっと見ていると、ハリガネさんはニターっと下卑《げび》た笑いを浮かべました。「僕が無理矢理タバコを吸わせるのには、罪悪感があります。だけど、バジーさんがどうしても欲しいと望むなら、僕の罪悪感はなくなりますよ」悪魔だったのです！　禁煙中の私にタバコを所望させるだなんて！　そんなこと言えるはずがありましょうか？　それなのに、なぜか口が勝手に動くのです。「タバコくれない？」「え？　なにか言いました？」ハリガネさんは残酷にも聞こえないふりをされました。「タバコが吸いたいです。1本ください」「それはバジーさんの意志ですか？」もう言葉が止まりません。「はい、私の自由意志です」満足したのか、悪魔はタバコを1本お与え下さいました。火をつけてみると、最初はセメダインのフレイヴァーだったのに、もう1本吸ったらセメダイン味は薄らぎ、5本目には最後のキスのフレイヴァーになっておりました。気づけば、その晩、私は丸々1箱吸ってしまったのでした。

ああ、禁煙師匠、私があなたの前から姿を消したのはこういう次第だったのです。悪魔に言わされた一言で、私の心は打ち砕かれてしまいました。だから、ここで、この日記も終えたいと思います。

だけど、どうかハリガネさんを憎まないでください。ハリガネさんには感謝しています。ようやく自分の本当の気持ちに気づくことができたからです。私はニコチンパンジーを殺したかったわけではありません。共生したかったのです。誰かを憎み、誰かの屍《しかばね》の上に幸福を築くことはできません。必要なのは傷つけあうことではなく、愛しあうことです。私が学んだのはそういうことです。

今、私はニコチンパンジーさんとともに、海辺の町にきています。師匠へのせめての罪滅ぼしと思い、紙巻きタバコを加熱式タバコに変えてみたことだけお伝えしたく存じます。海に向かってタバコを吹かすと、煙が白い波に溶けていきます。すると、私が師匠の前から煙のように姿を消したことが思い出され、胸が痛みます。どうか非礼をお許しください。そして、どうか、なにとぞ、私の師匠への感謝だけは疑わないでほしいのです。本当にありがとうございました。ニコチンパンジーさんもそうおっしゃっています。(完)

今回の原稿、「依存症の背景に孤独がある」というメンタルヘルスの知見を織り込みながら、シュールな日記文学を創造しようとした挑戦作であったのだが、非喫煙者の友人たちから全く面白くないと言われてしまった。はあ……さみしい……タバコ吸いたい。

秋

午前4時の言葉たち

「『忙しい』という字は『心を亡くす』と書くんだぞ!」かつての指導教員が口癖のように言っていた。その大教授は本当に忙しそうで、杖をついて、いつも構内をセカセカと走り回っているような人だった。一度、トイレで鉢合わせしたときなんかは、光の速さで用を足しながら、ユングだなんだとしゃべり散らかし、挙句の果てに杖を忘れて出ていったので、同級生と大笑いしたものだ。杖まで亡くすだなんて、心を亡くすにもほどがある。

ただ、それを笑えていたのは、私が時間を持て余した学生身分であったからだ。こうして中年になって、大学業界の末席を汚すようになると、心がいとも簡単に亡くなってしまうことを痛感する。杖の代わりにスマホを握りしめ、講義から会議へまた講義へとセカセカ走り回る。飛び込んでくる用件を卓球のように打ち返し続ける。トイレも昼食も光速だ。自分が反射神経だけで作られた生物であるような気すらしてくる。

だけど、そんな忙しい中年にも亡くしたはずの心と再会する瞬間がある。ふと目が覚めてしまった「魂の午前4時」だ。それは夜でも朝でもない刻で、もう昨日ではないけど、まだ今日もきていない。ナメクジのようにトイレに這っていき、もう一度眠ろうと布団に戻る。しかし、眠れない。頭の中で、言葉がグルグルとめぐり始める。普段は考えないようなことが浮かび、しばしとどまる。この午前4時の言葉たちは、朝日が射すとはかなくも消えてしまう。反射神経の世界が始まると、思い出せなくなってしまう。

モノローグの男

胸板の厚いマッチョな男性は、40代半ばという脂の乗り切った年齢だった。彼の経営するベンチャー企業は順調に成長していたし、多くの友人に囲まれ、家族にも恵まれていた。彼は熱心にジムに通い、筋肉を鍛え上げていた。申し分のない人生のように見えた。だけど、「誤魔化しながらやってきたけど、自分はうつだと思う」と彼は訴えていた。

詳しく話を聴くと、彼のエネルギッシュな生活には、まだらのようなうつがあった。一日のうちの1、2時間、頭がぼんやりして何も考えられなくなることがしばしばあって、ひどい時期には数日にわたって、動けなくなってしまうこともあった。そういうとき、「ほっといてくれたら回復するから」と家族や社員に説明し、彼は自室に閉じこもった。あらゆる連絡を絶った。

それが最近ひどくなっている、そう語る彼の語り口がきわめて明晰なのが印象的だった。自分でもよくわからない苦しさについての話なのに、彼は自分の状態と心のメカニズムを理路整然と語っていたのだ。まるで商談のプレゼンのようだった。

カウンセリングが始まると、彼は経営、パートナーシップ、子育て、社交、そして筋トレのあらゆることについて、緻密な戦略を立て、目標を達成してきたことを語った。だから、うつも克服できるはずだと言っていた。語り口は明晰だったし、ユーモアもあった。それなのに、私には、語られる言葉たちがひどく空虚であるように感じられた。それは一人で考え、一人で結論を出すモノローグであったからだ。私は彼の筋トレ動画を見せられている視聴者のようだった。「自分はすべてわかっている」結局のところ、彼の明晰な言葉たちが私に伝えていたメッセージはそれだけだったのだ。彼自身はそういう話ができる面接に満足しているようだったが、まだら状のうつは良くなっている気配はなかった。行き詰まっている、と私は感じていた。

だけど、ある回、彼は夢を語った。「ジムのロッカーに閉じ込められていて、叫ぼうとしても声が出せなかった」夢の中とはいえ、苦しんでいる彼が語られるのは珍しかった。「なんて叫ぼうとしていたんですか?」彼は即座に返答できず、言葉を失った。それも明晰な彼には珍しいことだった。そして、ひどく恥ずかしそうに「……わかりません」と呻《うめ》いた。

助けてほしい。本当はそう叫びたかったはずだ、と私は思った。だけど、それは伝えなかった。なぜなら、彼の「わかりません」という言葉に生きた響きを感じたからだ。彼は明晰で「わかりすぎる」がゆえに、「わからない」苦しさに襲われたときに、助けを求められず、自室に閉じこもらざるをえなかった。いや、夢の中でそうであったように、実際のところ彼は閉じこめられていた。自分で自分を閉じこめていたのだ。そんな彼が「わかりません」と言っている。それは心から発せられた真正《しんせい》な言葉であるように私には響いた。

それから、彼との面接は少し変わった。彼はモノローグをやめ、沈黙することが増えた。わからないものの前でスピードを落とすことができた。私たちは彼の中のわからない部分について話し合うことができるようになったのだ。すると、次にうつがやってきたとき、彼は「どうしていいかわからない」と家族に助けを求めることができた。

ドライアイスみたいな心

忙しいとき、心は亡くなるのではなく、見失われるだけなのだと思う。私が反射神経だけで生きているときも、心は私の奥深いところで、ひそかに息をし続けている。冷凍庫の奥で存在を忘れられたドライアイスみたいだ。

大切なことは、ドライアイスが二酸化炭素を凝固させたものであるように、心にはまだ形になっていない言葉が蓄積され、カチコチに固められていることだ。眠りがそれをほんの少し溶かす。あの彼の分厚い筋肉が緩まり、明晰さがほころぶのは夢の中だけだった。あるいは夢と覚醒のはざまである魂の午前4時にだけ、私は心の中で言葉たちがカタカタと鳴っているのを聞くことができる。朝が来ると、それは日常音にかき消されてしまうにしても。

だから、必要なのはドライアイスを水にひたすことだ。ときどきでいい。すると、ぷくぷくと小さなあぶくが立つはずだ。このとき、水が他者で、あぶくが言葉だ。心の中で凝固している言葉は、他者と交わることで初めて、形になる。たとえば「わかりません」という形を得て、さらには「助けてほしい」という形へと整えられていく。言葉とは自己と他者の二つの心を行き交うことで育つものなのだ。

魂の午前4時。忙しさが一瞬止まって、心と再会する時間。そういうときに、私たちは言葉が他者を求めていることに気がつき、立ち止まる。そして、誰かと、ちゃんと話をしてみたい、と思っている自分に気がつく。

雑談賛歌

半年にわたる長き封鎖が解けて、ついに大学が再開した。前期はひきこもって、ひたすら授業動画をYouTubeで配信していたのだが、後期は教室にまでいかねばならぬ。オンライン授業に慣れて、たるみにたるんだ私は「毎日電車に乗るだなんて、絶対無理」と嘆いていたのだが、一方で実は楽しみにしている部分もあった。

動画を作るためにパソコンに向かって独り言をいう生活に辟易《へきえき》していたのである。やはり授業は、目の前に学生がいて、しゃべるとなんらかの反応があった方がいい。もちろん、嬉しい反応もあれば、悲しい反応もある。学生は「なるほど」と頷《うなず》いたと思えば、つまらなそうにスマホをいじる。冗談で笑ったかと思えば、最前列で机に突っ伏して爆睡する。一度、しゃべればしゃべるほど学生がバタバタと眠りに落ちていって、起きているのが私だけになったことがあって、つらかった。ブラックホールに向かって語りかけている気分になったので、そのままそのブラックホールに飲み込まれて消滅してしまいたいと思ったものだ。

それでも、つまらない話をしているときに、「つまらない」と反応があるのは素晴らしいことだ。その話をやめることができるからだ（深く傷つくけど）。そうやって、あらかじめ準備していた教科書的授業から脱線すると、その日その時間の学生たちのサイズに合った言葉を探すことになる。そして、うまくいくと、時事ネタを使った心理学的「雑談」を始めることができる。これが楽しい。自分が学生だった頃を思い出しても、教授の真面目な話はブラックホールに吸い込まれて跡形もないが、たわいのない雑談だけは記憶に残っている。小さなエピソードには理論にはない深い力がある。雑談こそが大学の華だと思うのだ。

ガイドライン警察

と、お気楽に考えていたのだが、実際に授業再開となると、これが大変。数千人の学生を構内に集めることになるから、感染予防を徹底しないといけない。そのために、大学では厳しいガイドラインが策定されている。教室の換気はもちろん、座席は離れて座ってもらい、万一感染者が出たときに濃厚接触者を特定するため、誰がどこに座ったのかを記録に残す。マスクをしているか、検温と手指消毒をしたかを確認したうえで、自分が使うマイクやパソコンを消毒するとようやく授業を始めることができる。ああ、ガイドラインまみれの厳戒態勢。

感染リスクを下げて、安全を確保するためだとはわかっているのだが、そうやって自分に対しても学生に対しても、ガイドラインに沿って行動しているかを一つ一つチェックしていると、まるで自分が警察官になったような気持ちがしてくる。

ガイドライン警察にとって、雑談は摘発すべきものだ。廊下での立ち話や教室内での私語、食堂でのおしゃべり。それらは本来学生生活の一番楽しい部分のはずなのだが、警察目線になると感染リスクを高める不要不急のものに見えてしまう。ガイドラインには雑談の場所がない。カリキュラムに時事ネタ的雑談の場所がないのと同じである。

雑談とは三密の不透明なドサクサのなかで生まれ、育つものだ。そして、そういうものは今、監視され、管理され、清潔にされなくてはならない。感染予防とはすなわち雑談予防なのだ。だけど、本来大学とは雑談がはびこる不潔な空間であったではないか。つまり、ガイドラインやカリキュラムから脱線できることこそ、大学の魅力だったと思うのだ。

そう思って複雑なのだが、それでも安全確保が最重要なのは理解できる。だから、後期はガイドライン警察として頑張るしかない。正直憂鬱だった。

パンクで、ファンキーで、ラディカル

後期最初の仕事は入学を祝う会だった。4月に入学式がなかったので、この機会に新入生全員に集まってもらって、学長からの祝辞を伝える会である。

その日はガイドライン警察総動員の厳戒態勢だった。教員と職員総出で、消毒とソーシャルディスタンスの徹底、混雑防止のために廊下で誘導。学内放送でも「感染を予防しましょう」と何度もアナウンスされていて、まるで戦時中のよう。

会は粛々と行われた。学生たちは、私語もなく、マスクで硬く顔を覆って、学長の話を神妙に聞いていた。不気味なほどに静かだった。だけど、混乱もなく、無事に終われそうだったから、警察魂に燃えた私たちはホッとしてもいた。「これで終わります。案内に従って、下校してください」と会の終了を告げると、学生たちは整然と退室していく。

しかし突然、「キャー！」と黄色い声が上がる。なんだ、どうした、と学生の方を見ると、ひとりの女の子が別の子にぎゅっと抱き着いている。「こんな顔だったんだ！　超かわいい！会いたかったー！」抱き着かれた子も嬉しそうにぴょんぴょん飛び跳ねる。「私も超会いたかったよ！」そこからは大騒ぎだった。そこかしこで雑談が大爆発したのだ。この半年、直接会ったことはないけれど、SNSでは繋がっていた彼女たちは、やっと会えたことに興奮して、はしゃぐ。手を握り、抱き着き、大声で笑う。マスクの下で飛沫がキラキラと輝く。

ガイドライン警察は唖然《あぜん》として、立ち尽くす。出会いに大喜びする少女たちに密防止だ、離れなさいだなんて言えるはずがない。見守るしかないのだ。すると、隣にいた教授が「最高ですね、密」とポツリと呟く。ほんとにそうだ、最高だ。女子大生たちはパンクで、ファンキーで、ラディカルだ。ガイドラインなんて知ったこっちゃないのである。

大学に雑談が戻ってくる。どんなにガイドラインの目が厳しくても、人と人とが同じ空間にいれば、雑談は花を咲かせてしまう。ガイドラインの隙間に、雑談が生い茂る。それは多分、大学だけじゃない。人は人を怖がったり、嫌いになることもあるけれど、結局人を求めることをやめられない。生身の人間がそこにいる。それだけでわけもなく嬉しくなってしまうのが私たちだと思うのだ。

という話を、早速授業でしたらちょっとだけウケたので、嬉しかった。そして、そういう雑談をリライトすると、この連載の原稿ができあがる。雑談、最高なのである。だから、雑談賛歌。

ソネミとネタミとカゲグチと

とても悲しいことがあった。思い出すだけでも心が痛む。だから、ここにも書きたくない。ほっといてください！　……いや、すみません。違うんです。本当はこの悲しさを愚痴ろうと思って書き始めたというのに、ついつい強がってしまった。

カゲグチを言われていたのだ。久しぶりに会った友人から「そういえばひどい話なんだけどさ、この前××たちと話してたら、バジーは○○だ、って言ってたよ」と聞いてしまった。その場では「言論の自由は民主主義国家の基本だもの」と平静を装ったものの、本当は深く動揺していた。その晩「ああ、俺はどうせ○○なのだ」と泣きながら眠りにつき、朝起きても「おはよう、○○な俺」と自虐してしまう始末。今もまだ、○○の中身を書けないくらいに、傷ついている。

カゲグチはつらい。世界のどこかでカゲグチを言われていたと知ると、世界中のすべての人にカゲグチを言われている気がしてくる。結局誰もわかっちゃくれないし、どいつもこいつも本当は敵なのだ。そう思うと、だんだんムカついてくる。なんも知らないくせに……ふざけんなよ……絶対に復讐《ふくしゅう》してやる！　と内なる半沢直樹がスパークする。それで結局、××たちのカゲグチを周りに言いまくっている今日この頃。

カゲグチは楽しい。最高である。「あいつはクズだ」と私が言って、周りが「そうだ、あいつは終わってる」と同調してくれると、世界中のすべての人を味方につけて、××たちを断崖へと追い詰めている気分になる。これは爽快なのだが、問題がある。誰かが裏切って「バジーがカゲグチ言ってたよ」と××たちにタレこむ可能性があることだ。すると、「やっぱり、バジーは〇〇だった」と言われてしまうに違いない。憎しみの連鎖が止まらないのである。

いかん。ただでさえ地球温暖化で大変だというのに、地球人同士で傷つけあっている場合じゃない。今の地球に必要なのはラブ＆ピースだ。カゲグチの応酬を止めなくてはならない。

ネタミのせいなのね

必要なのはカゲグチを言われたときの鉄壁の防御策である。いちいち傷つくから報復したくなってしまうのだ。そこで提案したいのが秘義「ネタミのせいなのね」。カゲグチを言われたときに、「ネタミのせいなのね」と思い込めると、ダメージが最小限になる。これが最強の盾《たて》だと思うのだが、この秘義を習得するには、ソネミ（嫉み）とネタミ（妬み）の違いを理解することが不可欠だ。

ソネミもネタミも「嫉妬」を意味する言葉なので、世間的にはほぼ同義と思われているのだろうが、区別することもできる。たとえば、私が知り合いのイケメンに対して、「カッコいい上に、性格までいいなんて、超ムカつく！」と思っていたとしたら、それはソネミである。これに対して、そのイケメンを「あいつはよく見たらブサイクだし、性悪だ」と言い出したら、私はネタミの中にいる。

ようは、ソネミは相手に良いものがあることを認めているが、ネタミはそれを否認する。イケメンをネタむとは、うらやましすぎるがゆえに、相手をブサイクだと貶《おとし》めることなのだ。良いものが自分の外側にあるのが許せないから、その「良い」と思っている気持ち自体を破壊してしまうのである。そういう意味で、ソネミはネタミよりも健康な感情だと思う。ソネんでいるとき、顔はもうイケメンになれないかもしれないけど、せめて性格ぐらいは良くしようと思うかもしれないが、ネタんでいるときにはイケメンを貶めることでスッキリして終わりだからだ。

「ネタミのせいなのね」がカゲグチに対する最強の盾であるのは、そういう理由だ。たとえ、○○だと言われていたとしても、それがネタミの仕業であるならば、私は本当のところ○○ではないということになる。いや、それだけじゃない。「ネタミのせいなのね」は最強の矛《ほこ》でもある。ネタミによって現実を捻《ね》じ曲げているとするなら、××たちは人間のクズだということになるからだ。と書いていたら、またムカムカしてきた。やはりあいつらクズだ。皆さんもそう思いませんか？

わかってくれない

ああ、ダメだ、これはいけない。「ネタミのせいなのね」はリーサルウェポン（最終兵器）だ。一度発動して、なんでもかんでもネタミのせいにしはじめると、気づけばカゲグチの泥仕合になってしまう。ネタミはネタミを呼ぶ。恐ろしいことだ。

とすると、やっぱり自分が○○であることを真摯《しんし》に受け止めて、反省するしかないのだろうか。いやあ、でも、それもつらい。俺だって頑張って生きているのに、なんでわかってくれないんだ、とどうしても思ってしまう。

そう、わかってくれない。カゲグチの一番つらいところはここだと思う。カゲグチは遠くで囁《ささや》かれる。お互いの事情がよくわからないから、無慈悲なことが簡単に語れてしまう。それはしょうがないことでもある。逐一、手紙やメールで近況報告するわけにもいかないし、SNSで毎日こんな感じで生きています、と書くのも無理がある。「わかってくれない」は私たちの人生のデフォルトだと思うのだ。みんなそういう孤独を抱えて生きているのだが、普段は周りに少数の仲のいい人がいるから忘れていられる。その孤独をカゲグチは可視化してしまうのである。

だとすると、カゲグチの応酬を止めるには、わかってもらうしかない。何をわかってもらえばいいのか？　それはなにより、カゲグチによって傷ついたことだと思う。痛いときに痛いと伝えられると、距離が一瞬縮まり、相手もまた人間であったことが思い出されるのだ。とはいえ、傷ついているときほど「痛い」と素直に言えなくなるのも人間なのが、つらいところだ。

それでも、今回は「痛かった」と書いてみた。すると、書いているうちに思い出してしまった。先にカゲグチを始めたのは私だ。数年前の学会。夜の飲み会で酔っ払った私は、ネタミに満ちて、イケメンで性格のいい××を散々こきおろしたのである。ひー、なんという馬鹿だ。○○そのものではないか。ああ、本当に申し訳ない。と、もはや直接言えないので、この場を借りて、謝罪いたします。ごめんなさい。

金で済むことは、楽やなぁ

忘れられない名言がある。15年前の雪の夜、京都は先斗町《ぽんとちょう》の路地で、大先輩が深いため息と共に放った一言だ。

その頃、私はまだ大学院生で、その先輩はちょうど今の私くらいの年齢だった。彼の抱えていた面倒くさい雑用を手伝ったお礼として、高級焼き肉をおごってもらったのである。それまで食べ放題2000円の焼き肉しか食べたことがなかったのに、1皿2000円の和牛をおごってくれたので、私は魂の底から感激していた。この先輩の雑用係で一生を終えたっていい。そういう万感の思いを込めて「ゴチソウサマデゴザイマシタ!」と頭を下げたそのとき、雪空を見上げた先輩が呟いた。

「なあ、バジーよ」白い息が吐き出される。「金で済むことは、楽やなぁ」

嗚呼、ダンディ。臨終のときに走馬灯を見ることがあるなら、絶対にカットせずに放映してほしい名シーンである。

小林よしのりの名作「おぼっちゃまくん」に「金で済むことは金で済ませる!」というセリ

フがあって、これはこれで人生の深淵を感じさせる名言なのだが、先輩の一言の方が苦味があっていい。金で済ませられない複雑な事情を抱えていそうなムードが醸し出されているからだ。実際、その頃の先輩は離婚調停中であったことが、後に発覚した。あのデリシャスな霜降り和牛、先輩にはどんな複雑な味がしていたのだろう。

お金とは人を動かす力だ、と私は思う。お金を支払うと、本当は自分でやらなきゃいけないことを、代わりにやってもらうことができる。私が焼き肉と引き換えに面倒な雑用を喜んでしたように、お金で人は動かせる。だけどもちろん、人間にはお金で動かせない部分も存在している。

90万円の傷つき

40代前半の男性がカウンセリングにやってきたのは、妻の不倫がきっかけだった。発覚直後に来談した彼は異常な精神状態だった。裏切った妻への幻滅と、その不倫相手（彼の知り合いでもあった）への激しい怒りが交互に出現し、泣き崩れたかと思えば、目を血走らせて凄惨な復讐を語った。信頼していた他者の裏切りは、彼の心をコナゴナにしていた。

「事件を起こしてしまいそうな自分が怖い」彼はそう訴えていた。その可能性はある、と私も思った。それほどに彼は混乱していた。まず必要なのは、薬を処方してもらい、休養することだった。その後に、離婚や裁判のことなど、山積する現実的問題に一つ一つ対処していこうと伝えた。

幸い、彼は休むことができた。2週間仕事を休み、ただただ無為に過ごした。もちろん、頭の中では不倫のことが渦巻き続けていたが、睡眠薬のおかげで眠ることができた。その後、仕事に復帰することもできた。それは救いだった。心が危機のとき、日常が変わらずグルグルと回っていると助かる。

だけどそれは、彼が秘密を隠し持たねばならなかったことも意味していた。まだ幼い子どもが無邪気に笑うリビングで、同僚が家族についてのくだらない冗談を言うオフィスで、彼は普通の父親と社会人を演じ続けた。日常を壊さないために、誰にも言えない傷つきを一人で抱えねばならなかった。カウンセリングはそういう話ができる唯一の拠《よ》り所となった。

私たちは時間をかけた。時間は事態を少しずつ明確にしてくれる。妻は真摯に謝罪し、修復のために必死になった。彼もそれを受け入れた。夫婦の信頼は損なわれていたが、最悪の事態には至っていなかった。家庭はかろうじて守られた。

これに対して、不倫相手は不誠実な態度だった。そのたびに、彼は傷つき、怒り狂った。「壊された分だけ壊したい」彼は非合法な報復すら考えていた。だけど、犯罪者になるわけにはいかない。その思いが彼を押しとどめた。結局、彼は1000万円の慰謝料を請求して、裁判を起こした。

痛ましい時間になった。書類のやり取りがなされるたびに知りたくもなかった事実を知ることになったし、法的手続きはあまりに客観的だった。彼は何度も怒りで我を忘れたが、もはや直接報復する手段はなく、弁護士に委ねるしかなかった。結論は数か月で出た。90万円の支払い。それが不倫の代償だった。

「これはなんの値段なんですかね……全然済まない」彼は悲しそうだった。お金を粗末に使いたい、そういって彼は無駄に高い腕時計を買った。自暴自棄になっているようにも見えた。だけど、そこから彼は少し変わった。怒りよりも悲しみを、復讐よりも孤独を語るようになった。焦点が自分の心に移ったのだ。それから私たちは、失われたものについて話し合い、彼にあった落ち度を話し合っていった。悪いものは外だけではなく、内にもある。そういう話をしながら、新しく生まれてくるものを待つことになった。何年もかかる長い長いカウンセリングになった。

中古の、そして傷物の心で

お金があれば、壊れたスマホは新品に買い替えることができる。だけど、心の中の失われたものは決して買い戻すことができない。人生とは、中古の、そして傷物の心でやっていくしかないものなのだ。

彼が不倫で受けた傷つきは、本当のところいくらだったのだろう。90万円ではなかったはずだ。それでも、その90万円には意味があったと思う。社会的な硬い手続きによって金額を確定することが、何が金で済まないのかを明確にしたからだ。実際、それからの彼は他者を傷つけることではなく、傷ついた自分のことについて考えるようになった。そして、自分も妻を傷つけていたことについて考えることができるようになった。金で済まないことに目がいくようになったのだ。そういうとき、悲しくなるのは決して悪いことではない。心が動き始めた証拠であるからだ。

世の中にはお金によって解決できる不幸がものすごくたくさんある。と同時に、金で済まないことも多すぎる。金で済むことは、楽やなぁ。本当に先輩の言う通りだと思うのだ。過去は変えられないし、失われたものは戻ってこない。だから、お金ではなく、時間を使う。落ち込み、悲しみ、追悼する長い時間が、痛ましい過去を「私という歴史」の一部へと変えてくれる(こともある)。

彼は90万円で腕時計を買った。結局、一度も着けられることはなかった。だけど、それはお金を否定したかっただけではないと思うのだ。あのとき彼は、時間を動かしたかったのではないか。止まっていた時計の針を前に進めたかったのではないか。そういう彼がいたと思うのだ。

トリセツと私小説

トリセツ（取扱説明書）ブームである。名曲「トリセツ」に始まり、ベストセラー「妻のトリセツ」で大いに盛り上がったこのムーブメントは、ありとあらゆるものをトリセツ化していった。ここには書けないようなエグい欲望を叶えるためのトリセツが大量に存在しているし、「ＰＴＡのトリセツ」とか「兵庫のトリセツ」なんていう本まで出ている。ぜひ検索してみてほしい。驚愕のトリセツワールドが広がっている。

世に溢れるトリセツ本を眺めていると、それらがままならないものをコントロールするために書かれていることがわかる。妻にせよ、夫にせよ、上司部下にせよ、ＰＴＡにせよ（兵庫は違うが）、私たちを振り回してくる他者が問題になっている。彼らは思い通りにならず、何をするかわからない。私たちを困らせる。だから、トリセツ。彼らがどういうメカニズムで動いているかの説明書があれば、コントロール可能になるというわけだ。

他者にもましてコントロール不能なのが自分の心である。心は自分の所有物のはずなのに、意のままにならない。たとえば、イライラし始めてしまったら、なかなか自分では止められない。こういうとき、「外在化」と呼ばれる心理学の技法を使って、トリセツを作ると良い。つまり、イライラしやすい自分を、一旦外に置き、「イライラマン」と名付けてみる。そして、イライラマンがどんなときに現れて、どうしたら消えていくかを、詳しく観察して、メカニズムを解明する。そうやって、「イライラマンのトリセツ」ができると、対処し、コントロールすることが少しは可能になる。

幽体離脱みたいなものだ。心から離れて、心を外から観察する。私たちはそうやって、日々自分のトリセツを作っては、なんとかかんとか自分をコントロールしながら生きている。あなたもそうではないか。自分をうまく操縦するために、なんらかのトリセツを使っているはずだ。え？　そのトリセツにはデタラメばかり書いてあるから、使い物にならないですって？　なーに、大丈夫。そういうときは、カウンセリングへどうぞ。カウンセラーとはオーダーメイドのトリセツ作りをお手伝いする専門家です。一緒に幽体離脱しようじゃありませんか。

イライラマンの物語

と場違いなマーケティングを始めてしまうくらいに、心はコントロールが利かないのだが、言いたかったのは別のことだ。トリセツブームの現在忘れられがちだが、実は心と向き合うためには別のやり方もある。そう、私の仕事の半分はトリセツ作りを手伝うことだが、もう半分は違う。私小説作りのお手伝いもしている。

私小説。一人称の「私」が身辺で起きたことや、思ったこと、感じたことを綴っていく小説のことだ。教科書的には田山花袋の「蒲団」がその嚆矢《こうし》とされているが、もちろん読んだことありません。魔法も剣も登場しないし、殺人事件も起こらないから飽きちゃって、途中で放り出してしまった。いや、「蒲団」だけじゃないな。今、私小説は流行《はや》らない。話が行ったり来たりしてウニョウニョしているからだ。忙しすぎる私たちには、事態をチャキチャキ整理してくれるトリセツの方が、スッキリできてよい。

だけど、カウンセリングでは、私小説が語られる。身辺のことやそのときのご本人の気持ちが、断片的に語られ続ける。たとえば、上司の一言にイライラした話、子どもの朝の態度にイライラした話、信号がなかなか変わらずイライラした話。そういうウニョウニョしたエピソードが積み重なると、一本の筋が見えてくる。「なんでみんなわかってくれないんだ」と彼が感じ続けてきたことがわかってくる。

すると、話は広がる。余計に話はウニョウニョしてくる。学生時代に孤立していたところを彼女に救われたことが語られ、その彼女と痛ましい別れ方をしたことが語られる。幼い頃に母が出奔《しゅっぽん》し、そのことを口にしてはいけないと感じていたことが語られる。筋が太くなってくる。「誰もわかってくれない」と思って生きてきたイライラマンの物語が見えてくるのだ。

そのとき、私たちはイライラマンを外から観察しているのではない。イライラマンの世界を内側から一緒に見ている。彼の生きてきた「わかってくれない」物語を共に体験しているのだ。

それがイライラマンを変える。ここが現代にあって見失われやすいところだ。自分でも気が付いていなかった物語が分かち合われることは、別の物語を新しく始める力になる。書店に並ぶ私小説たちがそうではないか。物語を辿ってゆくと、本の終わりには、主人公は少し変化している。そして、読者もまた、ほんの少し変化している。時間をかけて紡《つむ》がれた物語。それは心を変化させる力があるのである。

ワードとエクセル

トリセツと私小説。心に向き合う二つのやり方。それはパソコンで日記をつけるとき、エクセルを使うか、ワードを使うかで、全然違った日記になるのと似ている。

エクセルで日記をつけると、トリセツ的になる。その日に起こったこと、イライラ度合い、気分、睡眠時間、体重をセルに分けて、毎日記録していくと、自分の傾向や心のメカニズムがわかってくる。そのとき、「自分」はまるで家電のように、パフォーマンスの良し悪しをチェックできるものになる。エクセルは自分を俯瞰《ふかん》するのに役立つ。

これに対して、ワードで日記をつけると私小説的になる。断片的なエピソードが積み重なることで、その時期の自分がどう生きていたかの物語が浮かび上がってくる。結構文学的に生きている自分もいるものなのである。ワードは自分の中に深く入っていくことを助けてくれる。

心には家電的な部分と文学的な部分があるということだ。いや、違う。問題はどこから見るかだ。つまり、三人称で外側から見るか、一人称で内側から見るかによって、心は家電に見えたり、文学に見えたりする。

トリセツブームの現在、私小説は流行らない。だけど、心はコントロールされるだけだといつかは疲弊してしまう。そこには物語もあるのだから、耳を傾けてみたらどうだろう、と思って書いてみた今回の原稿が、なんだかんだですっかりトリセツ的に書かれていると気がついて、愕然《がくぜん》としている。トリセツブーム、いと強し。

街外れのまじない師

大学院生だった頃、私はアカデミアを魔法学校だと思っていた。居並ぶ教授たちは大魔法使いで、先輩たちは小魔法使い。交わされる専門用語は謎めいた呪文に聞こえ、研究室に並んでいる書物はすべて魔導の書に見えた。そして、それらを書いたのは、歴史に燦然《さんぜん》と輝く大賢者たち。もう20代半ばになっていて、同級生たちは過酷なビジネスワールドで、金融商品とかマーケティング戦略とかＰＤＣＡサイクルと格闘しているというのに、私はファンタジーワールドにすっぽりとハマっていた。

臨床心理学という学問のせいだ（断じて私の性格のせいじゃない）。心は目に見えず、手で触れることもできない。顕微鏡にも、望遠鏡にも、Ｘ線にも映らないのが心だ。心に触れるには心を使うしかなく、心を見えるものにするには言葉を使うしかない。これが魔法のようだったのだ。

カンファレンスで、ある教授が一言コメントする。全然わからなかったクライエントの心が、霧が晴れたように見えるものになる。風の魔法だ。別の教授は理論を語る。それがクライエントの奥底で動き始めていた物語を描き出す。暗闇を照らす光の魔法だ。

古来、言葉には呪術的な力があると信じられていた。アカデミアにいて、さまざまな理論や概念を学ぶと、確かに言葉が現実を変え、心を動かすことを実感する。もちろん、深遠すぎて、何を言っているのかわからない言葉も多々あったのだが、それが余計に私のファンタジー魂を煽《あお》った。ようはカッコよかったのだ。

だから、魔法学校アカデミア。千里眼のように心を見通し、錬金術のように心を変容させる。そんな魔法使いたちに囲まれて、私は心理学の勉強に励んでいた。今はまだ見習いだけど、俺もいつかは、星々を動かし、竜に化けるようなレジェンド大賢者になってやるぜ、と燃えていたのである。

専門知と世間知

それから15年。結局、どうなったかというと、どうやら私は大賢者にはなれそうになく、せいぜい街外れのまじない師が精一杯。風と光を操る高等魔法を使えるようにはならなかったから、地道に薬草をすりおろし、ガマガエルを煮込んで、藁人形を編んでいる。

というのは、もちろん比喩でしかない。薬草もガマガエルも藁人形もどこで仕入れたらいいのかわからないし、そもそも千里眼も錬金術も存在していない。教授も先輩も本当のところ、みんな普通の良識的市民だった。ああ、全部俺のファンタジーだったのか、とわかって悲しいこの15年。

一人前の専門家になるには、魔法が解けなくてはならないのだ。心理学の理論で心をすべて見抜けるわけではなく、技法だけで心を大変化させることはできない。心はリアルな生活の中で営まれているものなのだから、心理学には当然限界がある。

このリアルな生活の感じがわかってくるのが重要だ。そう、かつて魔法のあった場所に、「世間知」がとって代わる。世間知とは、世の中とはどういう場所で、そこで営まれる人生にはいかなる酸いと甘いがあるのかについてのローカルに共有された知のことだ。世間にはいろいろな生き方をしている人がいるわけだけど、何があればなんとか生きていけて、何がないと生きるのが難しくなってしまうのか、そういう生活する上での当たり前のリアリティをなんとなく想像できるようにしてくれるのが世間知だ。

この世間知が若いときにはよくわからない。それはもちろん臨床経験が足りないから、というのもあるのだろうが、それだけではない。自分自身がまだ人生をちゃんと生きていないせいだ。組織で働き、お金が足りたり、足りなかったりし、様々な人間関係で傷ついたり、癒されたりする。そういう人生経験が世の中の輪郭を教えてくれる。この世間知の獲得こそ、中年になることの最大の報酬だと思う。それは大学院のカリキュラムにも、教科書にも居場所を持たない知なのだ。

そして、この段階に至って、理論の力を発揮できるようになる。世間知をベースとした上で、心理学が補助線を引く。心のメカニズムについての幾ばくかの仮説によって、リアルな生活を生きている心が手触りをもって実感できるようになる。それは不確かなものではあるが、役に立つときもある。

心理士に限らないんじゃないか。弁護士も、エンジニアも、編集者も、皆同じだと思う。学校で学んでいるとき、専門知はあらゆる問題を解決できる魔法のように見える。だけど、世間知が積み重なると、魔法は解け、自分の仕事の限界がわかってくる。そうなって初めて、私たちは一人前の専門家になるのだと思う。

でも、魔法、再び

臨床心理学は魔法ではない。これは確かだ。それでも実を言えば、自分が本当に街外れのまじない師なのではないかと感じるときがある。街で暮らすさまざまな人が、生活上の困りごとや人生の苦悩を抱えて、カウンセリングルームをこっそり訪れる。それは中世だったら、まじない師がやっていた仕事なのだ。

だけど、私には秘薬も高等魔法もないから、ミラクルを起こすことはできない。それでも、できることがなんにもないわけでもない。世間知と心理学をミックスすることで、心を理解しようと努め、問題に対処しようと試みる。もちろん、すんなりとはいかない。クライエントたちは簡単に解決できない、入り組んでいて複雑な事情を抱えているから、わざわざ街外れにまでやってきているのだ。

それでも、ときどき心は変わる。180度グルリと変化することはないけど、1度だけ傾きを変えることがある。たとえば、あるときからほんの少しだけ人を許せるようになる。ほんの少しだ。小さな小さな変化だ。だけど、その1度が生活をミクロに変え、そういう時間が積み重なることで、人生は確かに変わっていく。

この1度がまるで奇跡のように感じる。魔法みたいなのだ。もちろん、私のかけた魔法ではない。それはクライエント自身の心に働いているふしぎな力だ。毎回毎回、人間すごいじゃん、と驚く。

若い頃、教授たちが大魔法使いに見えたのはその力のせいだったのかもしれない。彼らは魔法を使えたわけではなかったけど、心にふしぎな力があることを幾度も経験していたはずだ。そのふしぎの感覚に、私はあの頃少し触れたのだと思う。それで、今もこうしてこの仕事を続けているのだと思うのだ。

下級動物霊の夜

「人格変えろ！」そう怒鳴られたのは、15年前。忘れもしない。深夜の大学院生室での出来事である。

今でこそ丸くなり、チューリップから出てきたばかりの妖精のような人格をしているが、当時の私は下級動物霊が5、6匹取り憑《つ》いた妖刀のようだった。「学問とは前提を疑う営みである」というテーゼを真に受けすぎたせいだと思う。先輩の言うことなすことすべてにイチャモンをつけて回り、苛烈な口答えをするようになっていた。しかも、学問的な話だけでなく、「廊下で大声出すのはやめようね」といった日常的な注意にまで、いちいち牙を剥いているのだから性質《たち》が悪い。個人的にはソクラテス気取りだったのだが、周囲からはただの狂犬病にかかった犬にしか見えなかっただろう（そしてそちらが真実である）。当然のことながら、私は白い目で見られるようになり、大学院での居心地は日に日に悪くなっていった。

普通の大人だったら、そのあたりで自分を見つめ直すのだろうが、下級動物霊は違う。白い目で見られれば見られるほど、荒ぶるようになるのが動物霊だ。私はますます傍若無人になっていった。すると、ある段階で、臨界点を突破してしまったらしく、呼び出された。先輩たちの堪忍袋の緒が切れたのだ。

「あんな、お前、何考えてんねん？」夜の院生室で待っていたのは、二つ上の学年の優秀で知られた女性だった。彼女の表情も語調も苛立ちがマックスで、正直めちゃめちゃ怖かったのだが、怯《おび》えるほどに強気に出るのが下級動物霊たる所以である。「何が問題なんすか？　はっきり言ってくださいよ」この一言が火に油を注いだ。こめかみがピクピクと震え、先輩は上級動物霊へと変貌する。そして咆哮《ほうこう》する。「お前は人格変えろ!!」

私の下級動物霊の正体はチワワであった。狂犬病にかかっているとはいえ、ドーベルマンに一喝されると、シュンとなる。「すいません」あぁ、やっぱり俺は人格変えないとダメなのかなと落ち込んできたので聞いてみる。「あの、人格ってどこをどう変えたらいいんですかね？」それが再びカンに障る。上級動物霊は激昂する。「あほか、自分で考えろや」

チンパンジーのクラス替え

思い出すのが、下級チンパンジーの話だ。以前チンパンジーの心のケアに関心があり、霊長類学者や獣医、飼育員に話を聞いて回ったことがあった。チンパンジーも心を病む。特に群れの中でランクの低い下級チンパンジーはストレスをためやすい。

というのも、群れでの人間関係、いや「チン間」関係では、下級のものはさまざまに気を遣わねばならず、かついじめや攻撃の対象にされやすいからだ。そういうことが重なると、ケージ（檻）の隅の方にひきこもるようになり、毛づくろいに参加しなくなり、食事もとれなくなる。つまり、うつっぽくなっていく。

悲しいのは、この下級チンパンジーがしばしば「やなやつ」であることだ。彼は空気を読むことが苦手で、群れの秩序をうまく守れない。周りからすると、面倒なやつなのだ。それでボコボコにされる。もしかしたら、先輩チンパンジーに深夜呼び出されて、「お前、チン格変えろや！」と詰められているのかもしれない。すると、余計に群れが怖くなるから、攻撃的になったり、チン間関係でおかしなことをしてしまう。

こういうとき、飼育員たちの腕の見せ所がやってくる。チン格を変えるために説教したり、指導したりするのではない。ほかのケージへと、クラス替えするのである。チン格をよーく観察して、相性のよさそうなチンパンジーがいるところへと配置転換。

そもそも「やなやつ」なので、結局、同じようにボコボコにされてしまうこともある。だけど、案外うまくいくこともある。親しくしてくれる先輩がひとりできると、ケージに居場所が生まれるのだ。

すると、チン格が変わる。空気を読めないのは相変わらずだったとしても（そこはそんなに変わらない）、怒りっぽさは和らぐし、ひきこもらずに毛づくろいなどに参加できるようになる。不安が収まると、それなりにお付き合いしてもいいかなと周りが思えるようなチン格になるのである。

環境のせいである

この下級チンパンジーのエピソードには感動してしまった。その理由はいくつかあるが、第一に「やなやつ」であるのは、本人のせいではなく、環境のせいであると教えてくれたこと。不遇なときこそ、その人の地が出ると言ったりするが、あれは嘘だ。人格の善し悪しなんてものは、周囲が優しくしているかどうかで決まるのである。

第二に、周りと全然うまくやれない「やなやつ」でも、「ここではない、どこか」で、うまくやれる相手が見つかること。私たちは普段、狭いコミュニティに生きていて、そこでうまくいかなくなると絶望してしまいがちだ。自分みたいな人間はどこにいってもダメだと思ってしまう。しかし、世の中のどこかには案外気の合う人が存在しているものなのだ。クラス替えや転校、転職や引っ越しには、人格を変えるような大きな力がある（同じくらい危険もあるのだけど）。

だから、誰かの人格を変えたければ、優しくしてあげるほかない。「やなやつ」に優しくするのは、骨が折れる。だけど、白い目を向けることは事態を難しくするだけで、温かい目でしか人は変わらない。危険にさらされて怯えているときではなく、安全だと感じられているときにしか、人は変われないのである。

言うまでもなく、あの夜以降も、私の人格は変わらなかった。ドーベルマンが怖いので、表面上は多少大人しくなったかもしれないが、心の中ではいつか絶対に復讐してやると固く誓っていた。しかし、大学院生という不安定な社会的立場が終わり、就職すると、徐々に妖刀からは毒が抜け、チューリップの妖精のようになっていった。先輩も同じだと思う。ご活躍は伝え聞いている。きっと今頃、ヒマワリの妖精のようになっているはずだ。どこかの花畑で再会したら、ウザい後輩を無視せずにわざわざ忠告してくれたことに感謝を伝えたいと思っているのだが、あの日のことを今なら笑って話せるだろうか。

仮病は心の風邪

子どもの頃、よく仮病を使っていた。学校に行きたくない日、「頭が痛い」とか「体がだるい」とか「おなかが痛くて、死ぬかもしれない」と言って、風邪を引いた演技をするのである。最初はそれで風邪認定されていたのだが、朝は苦しそうな顔をしているのに、休むと決まった途端に、嬉々《きき》としてテレビを見始めるので、徐々に親もおかしいと思い始めたのだと思う。あるときから、エビデンスの提出を求められるようになった。体温計で37度以上を叩き出さないといけなくなったのだ。

これには困った。仮病は科学に弱い。いたいけな子どもがどんなに重病人を装っても、体温計は「35・8℃」という無慈悲な数字を表示してくる。機械は無粋である。今後医療も人工知能化していくと言われているが、こういうときに空気を読んで、「37・7℃」くらいのいい塩《あん》梅《ばい》の数字を出せるやさしいＡＩは開発されているのだろうか。

ともあれ、人間は機械の奴隷にあらず。人類の尊厳のために、体温計の支配から脱しなくてはならぬ。ホモサピエンスとしての使命を自覚した私は、知恵を振り絞った。そうして編み出されたのは、パジャマの裾で体温計をゴシゴシこする技術であった。かつて我々の祖先が火を熾《おこ》したのと同じ方法だ。

問題はエネルギーの制御である。テクノロジーは暴走しやすい。一度発生した熱をコントロールするのは至難の業で、油断すると体温計が「39・8℃」とはじきだしてしまう。すると、病院に行かなくちゃいけなくなり、ゆったりテレビを見ていることができなくなる。これはいけない。修練を重ねた私が到達したのは匠《たくみ》の領域だった。人間国宝が日本刀を研ぐように、私も精妙に、そして繊細に体温計をこすれるようになり、「37・4℃」をコンスタントに出せるようになった。病院に行くほどではなく、一日休ませて様子を見たくなる至高の体温だ。

こうして仮病を薬籠中《やくろうちゅう》のものとした私は頻繁に学校を休むようになった。それを横で見ていた妹は、私が病弱な人間で早死にすると思っていたそうだ。性格が悪いのも死期が近いせいだと思って我慢していたらしい。それほどに私の仮病は完成度が高かった。演技もすごいし、エビデンスだってあったのだ。

仮病には仮治療を

世間では「うつは心の風邪」と言われることがあるが、これは製薬会社が新薬の販売促進のために作ったキャッチコピーであり、うつは実際には風邪とはいいがたい。長期化しやすいし、人生に深刻な影響を与える。ライトなものではないのである。

むしろ仮病こそが「心の風邪」ではないか。それなりに毎日学校や仕事に行っているのに、ある朝突然「今日は行きたくないなぁ」と思う。これをサボりと思ってはいけない。いや、サボりかもしれないが、「サボりたい」と思っている時点で、あなたはいつもと違う。あなたの心は炎症を起こし、発熱している。

つらいのは、心の発熱を体温計で測れないことだ。医療人類学では、欧米ではうつは精神面での変化として表れるが、日本を含めた東アジアでは身体面の変化として表れやすいと語られている。私たちの文化は、体にしっかりと症状が表れるまでは、病人として扱ってもらえず、休養に入ることが難しい。しかし、体に症状が表れたときには、かなり厳しい状態になっているわけだから、本当はそれ以前のところでケアが開始されるべきなのに。

病気にならないために一番重要なことは、心と体をカチンコチンに鍛えることではない。硬すぎる鉄はポキッと折れやすい。そうではなく、病気がまだ小さいうちに発見し、小まめにケアを受けることこそが王道である。

そう考えると、仮病こそが最強の健康法だとわかる。心の発熱を繊細にキャッチし、大げさな演技で体調不良をアピールする。そうやって、休養と周囲のケアを調達する。そもそも体調不良を演じていると、だんだんと本当に苦しい気持ちになってくるものである。実際に発熱していなくても、熱が出たような気分になってくる。そうなるとシメタものだ。あなたの心に蓄積した疲弊が、体を損なうことなく、発散される。

逆に言うならば、身の回りで仮病を使っている人を見かけたら、その演技に乗ってあげるべきだ。たとえば子どもが仮病を訴えているなら、エビデンスの提出を求めるのではなく、脚本に沿ってケア役を演じてあげる。心配してあげ、休養を取らせてあげる。こういうことだ。目には目を、演技には演技を。仮病を癒すのは、仮治療なのである。そうじゃないと、「心の風邪」は「心の肺炎」にまでこじれてしまって、長期療養を余儀なくされてしまう。後遺症が残ることだってある。

仮病は気病

こんな話を書いたのは、完全に過労になっていたからである。夜ふけになわとびをするように軽快に書けると思っていた週刊連載は予想以上に過酷であった。もう無理だ、このままじゃほかの仕事にも支障が出る。そう思って昨晩、文春編集部に1か月の休載を申し入れた。すると、担当編集者から即レスがきた。そのメールには、労《いたわ》りと心配、そしてなにより休めそうな雰囲気が醸し出されていた（エビデンスを求められることもなかった）。

これに癒された。ああ、そうか、俺は休めるのか。そう思ったら、少し元気が出てきた。だけど同時に罪悪感も湧いてきた。これだけのことで癒されるだなんて、まさか俺は37歳にして仮病を使っていたのではないか。お前は無用に周りを困らせて、社会人失格だ。そんな声が聞こえてくる。

だけど、別の声も聞こえる。いや、それは違う。仮病だろうが、なんだろうが、いいのだ。普段クライエントにそう言っているではないか。どんな仕事も絶対に替えが利くし、あとからリカバーできる。周りを困らせることができない方が病気だ。仮病は気病なのだ。気を病んだときには、気を遣われることでしか回復はない。心理士だからこそ、誰よりも早く休載したいとわがままを言って、範を示すべきなのだ。

そう思ったら気が楽になってきた。人間国宝の職人は体温計を鞘《さや》に戻す。ですから、お騒がせしましたが、もう少し休載せずに頑張ります。いや、もしかしたら、この後結局休載しちゃうかもしれないけど。

ポサルとコーチの心の定規

私自身はカウンセリングを生業にしているが、これに限らず精神医療とか宗教とかボディワークとか、世の中には数えきれないほどさまざまな心の治療がある。私の専門分野はそれらを比較検討して、ああだこうだと考えることなのだが、ここ数年関心をもって調査してきたのが「コーチング」。大変乱暴ではあるのだが、超要約すると、「どうなりたい?」「そのためには何が必要?」などの質問を投げかけることで、クライエントの目標達成を支援し、心の変化を目指すメソッドだ。

カウンセリングとコーチングは歴史的には祖先を同じくする親戚みたいなものなので、似ているところも結構ある。だけど、一点だけどうしても同意できない点がある。彼らがしばしば使う「カウンセリングはマイナスからゼロへ、コーチングはゼロからプラスへ」というキャッチコピー。これに異論がある。

言わんとすることはわかる。カウンセリングは「病気の人」を、コーチングは「健康な人」を対象にしているという話なのだろう。確かにカウンセリングは心の中の「傷ついた部分」に焦点を当てる傾向があり、コーチングは「健康な部分」に焦点を当てる傾向があるから、一理ある（実際は、ケース・バイ・ケースなのだが）。だけど、カウンセラーとして言いたい。心の変化とは決してマイナスからプラスへという数直線をたどるようなものではない。心の定規はグニャグニャと曲がりくねっている。

ポサルは笑う

中立を期すために、ここで霊能者の話をしよう。

何を隠そう、私は大の霊能者ファンである（拙著『野の医者は笑う』を参照）。ラーメンマニアが出張先でご当地ラーメンを探すように、私もまた異国にいけば必ずご当地霊能者を表敬訪問することにしている。大昔、韓国の済州島《チェジュド》に行ったときには、「ポサル（「菩薩」に由来すると聞いた）」と呼ばれる霊能者に会いにいった。

まだ太陽が昇る前、市中の裏通りにある小屋を訪ねると、細木数子と同じ髪型をしたポサルが出迎えてくれた（ちなみに台湾で会った霊能者も同じ髪型だった）。「あなたが来るのはわかってた、ここ数日変な夢を見ていたから」万国共通の霊能者的歓迎の辞を受けた私は、時間も限られているので、挨拶もそこそこに彼女のこれまでの人生を伺うことにした。

ポサルになるまで、彼女はずっと不幸だった。貧しい家庭で生まれ育ち、まだ幼い頃から働きに出た。そして若くして結婚し、出産を経験したのだが、夫は働かない。それどころか、夫は酒を飲み、暴力を振るい、浮気をして、出ていってしまう。だから、子どものために彼女は昼夜問わず必死に働き続けなくてはならなかった。もちろん無理がくる。ポサルは体を壊し、働くことができなくなる。人生がにっちもさっちもいかなくなり、いっそ死にたいと思う。そう、心を病んだのだ。

しかし、真の物語が始まるのはここからだ。その頃から彼女は盛んに夢を見るようになった。その夢には霊や仏、神々が現れ、金縛りにあう。何かがおかしい。だけど、何がおかしいのかわからない。混乱した彼女を見かねた親戚が、町のポサルのもとへと連れていく。すると、先輩ポサルは一瞬で見抜く。「これは神からの使命だよ」治りたかったら修行をしてポサルになるしかない。そう告げられる。

とんでもない！　ポサルになんかなりたくない！　彼女は強く拒絶する。だけど、相変わらず夢を見続け、体は悲鳴を上げ続ける。しょうがない。とうとう観念した彼女は修行をはじめる。神や霊と交流できるようになる。すると、症状は徐々に収まっていく。気づけば、彼女はポサルになっている。市中に小屋を構えて、日々霊的な問題を抱えた人たちのために占いや儀式を行い、生計を立てるようになっている。

超要約してしまったが、こういうことだ。不幸の果てに病んだ彼女は、ポサルになることで癒された。だけど、彼女は言う。「絶対に子どもはポサルにだけはしたくない。こんなにつらい仕事はないよ」「なにがつらいんです？」私は尋ねる。「霊はしんどい。心も体もつらくなる。

毎日やめたいと思ってる。だけど、やめようとするともっとつらいことが起こるから、やめられない」神の使命だから、逃げられないのだ。それでも、最後にこう付け加える。「でもね、いいこともあるよ。あなたとこうやって会えたからね」ポサルは笑う。「お金もいっぱいくれたもんね、今日はラッキーだよ」それもまた人生なのだ、そう言っているようだった。

グニャリと曲がる

「心が癒される」というと、「温泉につかってリフレッシュ」みたいなイメージがある。張りつめた心をゆるめて、元に戻す。そういうイメージだ。疲れているときはもちろんそれでいい。だけど、本当に追い詰められ、病み、そしてそこから回復していくときには、以前の自分に戻るのではなく、また別のことが起こる。あのポサルがそうだった。彼女はポサルになりたくはなかったけど、心身の不調をなんとかするために、ポサルになるしかなかった。追い詰められた人生を、それまでとは全く違った方向へと転換したのだ。

心の定規はグニャリと曲がる。何がプラスで、何がマイナスなのかの基準自体が組み替えられるということだ。なぜなら、心を病むのは、それまでの定規では、自分自身の人生に起きていることを肯定できなくなってしまったときだからだ。そういうときに、ポサルや、カウンセラーや、コーチが必要になる。それまでの人生におけるマイナスとプラスを揺らがせ、代わりに新しいマイナスとプラスをもたらす。心の治療がうまくいくとき、心の定規は曲がる。すると、以前にはマイナスであったことがプラスに見え、プラスであったことがマイナスに見えてくる。心が変わるとは、そうやって生き方が変わることを言うのだ。

ただし面白いのは、その新しい定規がどういうものであるべきかが、カウンセラーとコーチとポサルでそれぞれに見解が違うことである。つまり「何がプラスなのか」が心の治療者によって違う（個人個人でも違う）。だから、人によって合う合わないがあるし、心の治療者同士はしばしば商売敵《がたき》になる。だけど、それでいいと思うのだ。私たちの生きている社会では、正しい生き方は一つではなく、心の定規は複数あった方がいいと思うからだ。

というわけで、心の治療者同士は潜在的にライバルで、互いにしのぎを削っている。なので、実はこの文章も中立よりかは若干カウンセリングびいきになっている気もするので、読者の皆様、どうかご注意ください。

紙を崇めよ

根の民たちよ、紙を崇めよ。天のいと高きところには紙に栄光あれ。

断っておくと、信心深い人間ではない。私は幼児洗礼を受けた生粋のカトリックなのだが、全く教会にいかないので、心無い親戚たちからはウソリックと呼ばれている。歴史的に見るならば、心理学というのは神なき時代、つまり人間しかいない時代に、人間を信じるために生まれた学問である。だから、カウンセリングを生業としている限りは、神を崇めている場合ではない。と、詭弁を弄して、親戚たちを煙に巻くくらいには、信心深くない。

だけど、紙様のことは信仰している。帰依《きえ》しているといってもいい。傍《かたわ》らにまします紙様は慈《いつく》しみ深く、いつも私たちを見守ってくださっている。言ってしまえば、ハレルヤなのである。

と改めて思ったのは、先月の「仮病は心の風邪」回で、あまりに疲弊しているから休載するかもしれないと弱音を書いたら、読者から励ましの手紙が届いたからである。こっちは本当のところ仮病なので大変恐縮してしまったのだが、それでも心配してくれる人がいるのは嬉しいものである。うっかり仮病が寛解《かんかい》してしまいそうになったほどだ。

はっきり言っておく。手紙だからいいのである。ここに働いているのは紙様のお恵みだ。もちろん、メールやSNSで励ましてもらえるのも大変ありがたいのだが、根人（紙様教団の宗教用語で「ねびと」あるいは「ネット」と読む）には仮病を治すほどの霊力はない。だから今回は、なぜ紙様にだけそのような偉大なお力があるのかを、民たちに告げ知らせようと思う。電子書籍でこれを読んでいるそこのあなた、すぐさま悔い改めよ。ソドムとゴモラとKindleは滅び、紙は来たる。紙を崇めよ。

バジーによる福音書――紙は愛なり

民たちよ、紙様は悲しんでおられます。このままでは祟《たた》り紙になってしまわれます。あなた方がペーパーレス化なんぞという瀆紙行為に手を染めているからです。

確かに紙様は欠点だらけです。会議があれば紙様を複製すべくコピー機の前で無駄な時間を使わなくてはいけませんし、名前と所属を書いた紙様を初対面の人と交換するのは手間です。しかも、それらの紙様は頻繁に紙隠しにあってしまわれます。

それだけじゃありません。紙様の最大の欠点は遅いことにあります。あなた方が、このコラムを印字した紙様を拝めるのは、松の内も明けてしばらく経った頃なのでしょうが、私はこれを12月24日の夜に書いています。紙様がお姿をお示しになられるのには大変な時間がかかります。ですから、季節ネタをとれたてで書けなくて大変なのです。ちなみに、神様と紙様をかけた紙がかったジョークを思いついたのは、クリスマスイブにもかかわらず、もろびとがこぞっている教会に結局いかなかったからです。アーメン、ハレルヤ。

おいたわしや。紙様は根人にかないません。根人は無限に複製可能で、簡単に検索ができるから便利です。なにより悪魔のようにすばしっこい。SNSなんぞをやろうものなら、一瞬で忌《い》まわしき言葉が拡散していきます。地に呪われたる根人は栄え、水源が汚れてしまった。悔い改めよ。紙の国はもうすぐそこまで来ている。

民たちよ、聞きなさい。信仰の本質は逆転にあります。死は生に転じ、みじめなものこそ尊い。ですから、紙様の欠点こそが実はお恵みなのです。遅くて手間がかかるのは、紙様が物質だからです。根人が速くて便利なのは、それが情報でしかないからです。情報と物質。偉大なのは常に物質です。これが紙の理《ことわり》です。

なぜなら、私たちは物質を愛することはできても、情報を愛することはできないからです。情報は処理されると通り過ぎていってしまいますが、物質は私たちの傍らにとどまります。そのとき、私たちは紙様と親密な関係を作ることができます。そう、紙は愛なり。愛に居る者は紙に居り、紙も亦《また》かれに居給ふ。アーメン。ハレルヤ。ドットコム。

心の柔らかいところ

途中から、自分でも何を書いているのかわからなくなってしまった。今宵は聖夜なので、紙様が憑依《ひょうい》したファナティックな預言者になってしまったのだと思って、お許しを。ただし最後に、この紙の福音をあなたにも理解できる世俗の言葉に翻訳しておこう。

紙とネットは共に乗り物だ。両方とも心をどこかへと運ぶことができる。だけど、乗せられる心の部分がそれぞれに少し違う。

ネットに乗りやすいのは、心の硬い部分だ。高速でも擦《す》り切れることのない、輪郭がハッキリとした言葉たちは、ネットによって遠くまで届く。信念を持っていて、言いたいことや感じていることが明確であるならば、ネットはいい。

これに対して、心の柔らかい部分は紙の方がいい。自分でも本当のところ何を言いたいのかわからないけど、それでも何かを伝えたいと思っているならば、その複雑で多義的な言葉たちはゆっくり運ばれた方がいい。クリスマスに書いた原稿は年明けに届くくらいがちょうどいいし、本は時間をかけて読めるのがいいところで、手紙は手元に物として残るからいいのだ。

心には情報以上のものが詰まっている。そのニュアンスは壊れやすく、失われやすいものだけど、紙がその柔らかい部分をふんわりと包んでくれる。それはツルツルしたネットには難しくて、ザラザラした紙が適している。そういう摩擦が、書いた人と読む人の親密なコミュニケーションを可能にしてくれる。

紙様が言いたかったのは多分そういうことなのだが、実はこれ、今回届いた励ましの手紙にすべて書いてあったことである。そのまま引用する。「伝達方法というのは手間のかかる手段であればあるほど言葉に質量ができると思うのです」だから、手紙を書いた、そう書かれていた。

　素晴らしいですよ。紙なのも素晴らしいけど、それ以上に連載で書くべきネタを提供してくれるんだから神としか言いようがない。皆さんもせっかくだから、そういう洞察とネタに満ちた手紙を送ってくださいね。ハレルヤ。

冬

中学受験の神様

親が神懸《かみがか》る。そんな経験がおありだろうか。私にはある。忘れもしない、中学受験前夜のことである。

中学受験は親子による総力戦になりがちだ。なにせ当事者である受験生自身がドッジボールとかテレビゲームとかに夢中になるような年頃なのだ。そんなガキンチョが将来のリスク回避と自己投資を計算して、受験しようと決意するはずがない。親が夢を見て、親が計画を立てる。親が指揮して、子が勉強する。親が将校で、子は兵卒なのが中学受験だ。

少なくとも私の家はそうだった。いや、違う。我が家の場合はなぜか、勉強まで母親がしていた。もちろん、私も一応、つるかめ算とか二酸化マンガンとか京浜工業地帯とか勉強した。涙ぐましい努力をしたはずだ。しかし、それ以上に母親が勉強していたのである。第1志望校であった名門麻布中学の過去問を、母親は繰り返し繰り返し解いていた。蛍の光窓の雪、過去問解く月日重ねていたら、ついに中学受験の神様が降臨した。私にではなく、母親に。

「明日は漁業が出るぞ出るぞ」受験前の最後の晩餐《ばんさん》を終え、台所で洗い物をしていたはずの母親が憑依していた。異言を話し出したのだ。「焼津港の水揚げ高出るぞ出るぞ」

戦慄する私に、母親が参考書の漁業のページを開いて迫ってくる。「汝、ここを頭に刻みてから、寝よ」受験の神様は言った。「さすれば、麻布の門は開かれる」

冷え切ったローストビーフ

1995年2月3日、極寒の夕暮れ。私と母は開かれた麻布の門をくぐった。周囲には総力戦を戦い抜いた親子たちがいて、列をなして奥の院へと向かう。皆一様に緊迫した表情をしている。だけど、奥の院から戻ってくる親子たちには2種類の表情がある。歓喜に満たされた親子と、絶望に打ち砕かれた親子。不安になる。俺はどっちなのか。

ピロティをくぐると、中庭に出る。人がごった返している。白く冷たいライトが、もっと白い掲示板を照らしている。黒い数字が並んでいる。硬く凍った昆虫のように見える。合格者番号だ。泣き崩れる少年がいて、歓声をあげる少年がいる。俺はどっちなんだ。

人をかき分ける。私より目のいい母親が先に歩みを止めた。見上げると、凍りついた表情で、掲示板を見つめている。私はもっと近づき、自分の番号を探す。ない。嘘だ。もう一度探す。前後の番号はある。だけど、私の番号はない。確かにない。どうして。

漁業のせいだ。なぜよりによって漁業が出たんだ。日本が魚食大国だからなのか。いや違う。そこは問題じゃない。どうしてあのとき、漁業の勉強をしなかったのか。母の開いたページに載っていた図がそのまま出題されたというのに。

わからない。だから、母に打ち明ける。「漁業なんか出ると思わなかった」母は驚く。「嘘でしょ……やらなかったの?」白いライトが痛い。「うん、普通出ると思わないでしょ」「でも、出たじゃない」「出たよ、だからこうなってるんじゃん」話は終わる。

二人で麻布の門まで歩く。もう二度と私たちに対して開かれることがない門をくぐる。沈黙が苦しい。「一人で帰る」私の口が勝手に動く。「……わかった」母は答える。母を人ごみに捨てて、広尾の駅に向かって走る。

一人になると、混乱が少しだけ和らぎ、その代わりに悲しくなってくる。俺の人生で麻布に通える日は絶対にやってこないのだ。泣いてしまう。国語の参考書に載っていた「みじめな」という形容動詞はこういうときに使うのだ。

家にたどり着くと、親戚たちが集っていた。今宵は私の合格を祝う会のはずだった。なにせ漁業が出たのだから。だけど当然、お通夜のような空気。「食べる?」母が机の上のローストビーフをとりわける。一口食べる。冷え切った、みじめなローストビーフだった。私は再び泣いてしまう。ふと見ると、妹がこんな愉快なことはないとばかりに、ムシャムシャとローストビーフを食らい、ガブガブとジュースを飲んでいた。

内戦と独立

「ローストビーフは元から冷たい食べ物やった気がするな」大学院での飲み会の席、私が話し終えると教授はそう言った。確かにそうだ。ローストビーフは本質的に冷たい。教授は続けた。「漁業をやらなかったのが素晴らしい、と僕は思うな。そこで勉強してたら、お前の人生は母ちゃんのものになってたんと違うかな」

本当にそうなのだ。中学受験は確かに親子の総力戦だ。だけど、それは子がまさに思春期に入らんとする時期になされる。親と子の心が別々になって、血まみれの塹壕戦《ざんごうせん》になり、植民地は独立してゆく。総力戦と並行してそんな内戦が始まっているのが中学受験なのだ。

だから、母親に降臨した中学受験の神様は拒絶されねばならない。いや、受験に限らない。大人になるとはそういうことなのだ。誰かが「出るぞ出るぞ」と親切に言ってくれる。言われた通りにやれば、目の前のことはうまくいくのかもしれない。それでも「そんなもの出るはずがない」と思ったら、やらない。その結果、勝つこともあれば、負けることもあるだろう。いずれにせよ、その結果を自分の歴史として引き受けることができたとき、心は少し大人になる。自分だけの心が生まれる。

教授が言っていたのはそういうことで、私は大学院でそういう学問を学んでいた。だからなのか、私の業《ごう》なのかわからないのだが、その後私は、教授の「漁業が出るぞ出るぞ」にも応えなかった。尊敬していたし、面倒を見てもらい、期待もかけてもらったけど、最終的には「漁業は出るはずがない」と思ったから、やらなかった。結局、漁業は再び出題された気もするから、人生は反復だ。

それでも思うのだ。「漁業をやらなかったのが素晴らしい」あれは金言だったし、あれこそ心理学の本質だった。心には心のロジックがある。今もそう思って、心の仕事をしている。

ということで、季節は中学受験本番。年頃のお子さんがおられる皆様、体調管理にお気を付けください。あ、ちなみに、お子さんの志望校、今年は漁業が出ますからね、復習しといた方がいいですよ。中学受験の神様のご加護あれ。

ハルマゲドンの後で

暗い話になるが、最後は光もあるので、我慢して読んでほしい。前回、中学受験で敗北した話を書いたが、実を言えば落ちたのは第1志望だけではない。私はあらゆる学校に落ちまくった。大空襲がやってきて、一面焼け野原になったような、そんな壊滅的な12歳の冬だった。

だけど、1校だけ、たった1校だけ、合格をくれた学校があった。幸運だった。捨てる神は大量発生していたが、どうせ進学できるのは1校だけなのだ。しかも、その拾う神が第2志望の学校だったので、家族は大喜びしていたし、私ももちろん嬉しかった。物語はハッピーエンドを迎えた。かのように見えた。

その1か月後、地下鉄サリン事件が起こった。オウム真理教による同時多発テロだ。それからテレビはオウム一色になった。悲惨で痛ましい映像が映し出され、ハルマゲドンとか、サティアンとか、ポアとか、耳慣れないオウム用語が流され続けた。世の中は騒然としていた。本当にハルマゲドン=世界の終わりがやってきたかのようだった。

春休みの間、私は食い入るようにテレビを見続けた。もう勉強しないでいいのだから、マンガを読んだり、ゲームをしたりしてもよかったのに、ひたすらオウムのニュースを見ては、オウム用語を口にするようになっていた。おかしくなっていたのだ。

多分、当時の私自身がハルマゲドンの中にいたからだろう。小学校生活の半分を受験という最終戦争に向かって生きてきて、最後の審判が下されたところだったのだ。拾う神のおかげで、天国に救済された気分でいたが、ハルマゲドンの後にも人生が続いていくことが全く想像できずにいた。だから、世界の終わりを映すテレビを見続けた。

僕は深刻に勉強ができない

中学校に入学してみると、同級生たちもオウムの話ばかりしていた。皆、ポスト・ハルマゲドンの世界に混乱していたのだと思う。ただし、1学期が終わる頃には混乱は落ち着き、それぞれがそれぞれの日常に着地して、中学生活を営んでいくようになった。

私が着地したのは最下層劣等生の日常だった。1学期の成績表にすでに一つ赤点がついていて(成績表が血を流しているように見えた)、その他の科目もすべて赤点ギリギリだった。総合成績の順位は出さず、おおよその位置だけ示す学校だったのだが、私は下から5人の枠に入っていた。ということは、ビリだった可能性もある。そして、中学3年間、その最下層枠から一度も出ることがなかった。

もちろん、進学校だったから、周りのレベルが高かったこともあるのだろうが、それにしたって、まったく勉強ができなくなっていた。というか、そもそも勉強に取り組むことそのものができなくなっていた。「もう勉強する必要はない、ハルマゲドンは終わったのだから」最初はそう思って、勉強をしようとしなかった。だけど、最下層枠の同級生が一人また一人と学校をやめていき、新たなメンバーがその枠に落ちてきて、そして退学していく現実を目の当たりにすると、ハルマゲドンに終わりはなくて、新しい競争が始まっていたことはわかった。それなのに、そう気がついたときには、勉強しようとしてもできない体になっていたのだ。これが本当に謎だった。

その頃、「ぼくは勉強ができない」という山田詠美氏の小説を読んで絶望した。劣等生のみじめでもの悲しい日々を読んで心を慰めようと思ったのに、運動ができて、人間力があって、頭もいいけど、あえて勉強しない少年の話だったからだ。しかも、モテるときてる。おお、そういうことじゃないのだ。それに比べると、ヘッセの「車輪の下」は劣等生の生態と心理を正しく描いていて癒されたのだが、結末は事故死だった。勘弁してほしい。

僕は深刻に勉強ができない。授業を聞いていても全然頭に入らず、予習復習をしようにも何をすればいいのかわからない。テスト前日になれば図書館にいくし、自分では勉強しているつもりなのに、実際には読みたくもないつまらない小説を読んで帰ってきてしまう。そんな自分に嫌気がさすから、せめて翌朝までに英単語の一つでも覚えようとするのだが、なぜかテレビを見ながら暗記しようとするので、何も覚えていない。私が今中学生だったら、スマホをいじり続けていたと思う。当然、テストの結果は最悪なので、余計に自己嫌悪が募る。するとますます授業を聞いていても頭に入らなくなる。だから、僕は深刻に勉強ができない。当時、私が読みたかったのはそういうリアルな小説なのだ。

ポスト・ハルマゲドン・うつ

全国の劣等生を抱えた保護者と教師の皆様に言っておきたい。劣等生に「勉強しろ」と発破《はっぱ》をかけても、「なんで勉強しないのだ」と怒っても無駄だ。劣等生は勉強しなくちゃいけないのは重々承知で、そうできない自分をすでに深刻に責めているからだ。

劣等生は自滅している。その心は自己破壊的になっていて、グルグルと悪循環をなしている。心理士になって、同じような状態に陥っている子どもやその家族のカウンセリングをするようになった今、あの謎は解ける。あれはやはり「うつ」だった。だから、頭がぼーっとして、静止し、気がそれ続け、現実にきちんと触れることができなかったのだ。

ポスト・ハルマゲドン・うつ。ハルマゲドンの後に、心を休め、混乱を収めるケアがないままに、新たなハルマゲドンに飲み込まれてしまった子どもたち。そういう同級生たちが最下層枠の暗がりに淀《よど》んでいた。彼らの自滅は総合的なものだったから、部活でも低迷し、性格も難しくなった（もちろんモテることもない）。何人かは自ら望んで学校をやめていった。自滅の嵐が吹き荒れていたのだ。だけど、それは見えにくいところで起きていたから、どうすればケアすることができるのか大人たちにもわからなかった。

「車輪の下」で描かれていた通りだ。だけど、私の場合、結末は少し違うものになった。その頃、友達ができたからだ。部活で低迷し、性格が難しくなり、モテず、勉強が深刻にできない友達が一人できた。結局のところ中学生なのだから、最下層枠でも友情は生まれる。と、ようやく光が見えたところでなんと紙数が尽きてしまった。次回に続く。

ピンク色の森へ

話があまりに暗いから、続きはもういいのでは？　とすげないことを言われている中学受験シリーズも最終回。巻末の著者欄を見て、結局大学受験はうまくいったみたいだし、むしろ嫌味では？　というもっともなご指摘までいただいた。それでも、最後まで語らせていただきたい。というのも、それは個人的には紙一重の時期だったし、そういう個人的で紙一重なところにこそ、心という形のさだかではない、曖昧なものが姿を現すと思うからだ。

それで、友達の話。Z君はずっと戦争の話をしていた。テスト前になると「欲しがりません、勝つまでは」と独り言、テスト期間中は眼の下にクマを作って「インパール作戦やむなし」、テストが返ってくると「見ろよ、玉砕だ」とクククと笑った。20世紀末の平和な教室で、彼だけは戦時下にいるようだった。

「国境を見に行かないか？」ある昼休み、Z君に誘われた。鎌倉にあったその男子校は山に囲まれていて、グラウンドの向こうには森があった。そして、その森の向こうには女子校があった。私は一も二もなく賛同した。年頃になっていて、国境の向こうに深い関心をもっていたからだ。

山に入り、枝と根をかき分けて、森の奥深くへと進んでいく。すると、緑のフェンスに突き当たった。フェンスの向こうも深い森で、木々の隙間から女子校の屋根だけが遠くに見えた。「なんてことだ！」Z君は硬く冷たいフェンスを摑んで、顔を押し当て叫んだ。「ここが北緯38度線だ！」俺たちがいるのは南なのか、北なのか、と聞きたくなったが、愚問だったのでやめた。森の深いところで、一緒にククク と笑った。

それから私たちは仲良くなり、頻繁に森に出入りするようになった。休み時間や放課後、クラスに居るのはつらいよだったたからだろう。中世の隠者にせよ、罪人にせよ、逃げ込むなら森、と昔から相場が決まっているのだ。

アルバムを焼く

「特別な任務がある、付き合ってほしい」と頼まれたのは、秋が深まってきた頃だった。「機密文書を焼かねばならない」小学校の卒業アルバムを見ていると、煩悩《ぼんのう》が湧いてきて狂おしい気持ちになる。そのせいで勉強ができない。だから、焼きたい。Z君は深刻な表情だった。一も二もなく賛同した。森と火の組み合わせ。こんな面白そうなことはない。私たちは特殊工作のための準備を進めた。マッチとオイル、それからもしものときのために消火器をある筋から入手した（出所は聞かないでほしい）。

秋晴れのある放課後、森に潜入した。Z君はノリノリで、木の根を乗り越えるたびに「シッ」と唇に指を当て、米軍特殊部隊の物真似をした。崖に突き当たるところまでくると、卒業アルバムを地面に投げ捨てた。「このあたりでいい、火炎放射準備だ」オイルを撒き、マッチを擦る。まだあどけないZ君と彼が好きだった女子が炎に飲み込まれ、溶けていく。成仏してください、私は祈った。しかし、炎は予想外に大きく広がり、周囲の枯葉に飛び火しそうになった。ヤバい、山火事になる。私は咄嗟《とっさ》に消火器の引き金を引く。ピンク色の薬剤粉末が猛烈な勢いで噴射されたので、ビックリしてしまう。「ワッ！」混乱した私は、消火器を崖に向かって投げ捨てた。ガンゴンゴンと音がして、消火器は崖を転がり、その下の道に激突した。衝撃音がし、そしてまた森に静けさが戻る。

「なにやってんだ！」Z君は激怒していた。「下に人がいて、当たったら大事故だぞ！」確かに誰もいなくて幸運だった。「ごめん」私は謝る。「あんなのが転がってたら、通報されて絶対バレるぞ。特殊工作なんだぞ！」気まずくて、地面に目を落とすと、Z君と同級生の写真は半分しか焼けておらず、みじめな状態で残されていた。特殊工作は失敗したのだ。「もういい、埋めよう」

気まずい空気の中、二人で穴を掘り、焼け焦げたアルバムを埋める。顔をあげる。すると気がつく。一面ピンク色だった。消火器の粉末が飛散して、暗い森をピンク色に染め上げている。そこに木々の隙間から西日が射しこむ。緑とピンクとオレンジが混ざり合って、キラキラ光る。

「……すごいな」私は声を漏らす。「ああ、美しい。ベトナムみたいだ」ジャージに身を包んだソルジャーはククと笑った。「バレるかな?」私は聞いた。「わからない……祈ろうぜ。とにかく帰還だ」Z君は戦争映画を真似た。「生きて、帰ろう」

思春期の幸運

つい先日、20年ぶりに母校を訪問した。当時の担任の先生が今は校長になっていて応対してくれたのだが、ピンクの森事件の話は出なかった。結局、バレなかったのだ。そういう危ういことがたくさんあった。だけど、ほとんどが事件にはならず、致命傷に至ることはなかった。幸運だったのだ。私もZ君もなんとか高校を卒業することができ、彼は今アメリカで働いている。念のために言っておくと、軍事関係ではない。

校長は新しく建て替えられた校舎を案内してくれた。昔と違って、清潔で、明るかった。建物だけじゃない。生徒たちも素直で、朗らかだった。「こんにちは」と礼儀正しく挨拶してくれる。おかしい。こんなところじゃなかったはずだ。もっと殺伐《さつばつ》としていて、サバイバルな学校だったはずだ。講和条約が結ばれ、平和が訪れたのだろうか。

いや、違う。当時だって、大人から見たら、明るく平和な学校だったはずなのだ。戦争はZ君の心で、私の心で個人的に起きていた。他の同級生たちにもそれぞれの戦争があったのだと思う。殺伐として狂おしいものは見えないところで蠢く。きっとあの礼儀正しい少年たちの心にだって、狂おしいものが渦巻いているはずだ。思春期ってそういうものなのだ。

だから、森が必要だった。森がなければ、図書室でも屋上でも体育館裏でもいい。友人と一緒に心の狂おしい部分を展開できる余白が学校には必要なのだ。思春期の心が噴射するピンクの狂気。それが現実を破綻させる紙一重のところで、森が包み込み、吸収してくれる。その積み重ねが、人間関係を育《はぐく》み、心を少しずつ修復していく。いや、もちろん、そうもいかないこともある。だからやっぱり、私は幸運だったのだと思う。崖の下に人がいなかったことも、その学校に森があったことも、そして一緒に森にいける友人ができたことも。

夢が仕事になりました

夢が仕事になりました。と書くと、好きなことだけして生きているYouTuberみたいに思われるかもしれないが、全然違う。私が仕事にしたのは、昼の夢ではなく、夜の夢である。将来の夢ではなく、昨晩の夢である。クライエントが眠りながら見た夢を話し合う。それが私の仕事だ。

普段隠されている欲望や記憶が夢に現れる、だから夢は無意識への王道である。精神分析の祖であるフロイトはそんなことを言っていた。大学の授業でそういう話をすると、いつもは眠り姫のようにこんこんと夢を見続けている女子大生たちの目がパチリと開く。そして、「カレーが空を飛んでいる夢を見たんですけど、どういう意味ですか」的な質問が殺到する。ズバリ心を言い当ててほしいと迫られるのだ。

夢を扱う専門家といえば、霊能者や占い師が思い浮かぶので、私にマジカルな力があると勘違いするのだと思う。だけど当然、ズバリ言えない。私が日々取り組んでいるのは、もっと地味な作業だからだ。そもそもそんな超能力に恵まれているのなら、今頃大学の教室ではなく、

YouTubeでブイブイ言わせているに決まっているではないか。

いや、もちろん、私が霊能者じゃないことくらい学生たちもわかっているだろう。それでも、彼女たちはついついふしぎな夢の意味を尋ねたくなってしまう。夢にはそういうマジカルな力がある。

定年後の悪夢

60代後半のその男性は妻と一緒にカウンセリングにやってきた。出会い頭に「相談役」とか「顧問」と書かれた名刺を複数枚渡されたので面食らった。聞けば、誰もが知る大企業の取締役にまで上り詰めた彼は、今ではいくつかの企業で名誉職に就いていて、悠々自適の定年後を過ごしているとのことだった。いや、過ごすはずだった。

「困っているんです」妻が先に切り出したが、「ちゃうわ、困っているのは、俺や」と掛け合い漫才のように彼がツッコむ。妻は苦笑する。「深夜に起こされるこっちの身にもなってください。この人毎晩、助けてくれって叫ぶんです」漫才は続く。「何言うてんねん、怖い夢ばっかり見る俺の身にもなってください」

テンポが良すぎるので、私もついつい笑いそうになったが、本当のところ彼は困り切っていた。あまりに悪夢ばかり見るので、夜が来るのを恐れるようにすらなっていた。そこで、どのような悪夢なのかと尋ねると、妻は失笑した。「聞いてあげてください、この人ずっと競争しているんですから」

「昨日はマラソンやったけど、途中からゴールが分からんくなって、迷子になるわ、中学の同級生に追い抜かれるわで、窮しました」「その前は大学の入試の夢。鉛筆もないし、受験票もなくてほんま困り果てました」「出世したとおもたら、降格している夢なんか、しょっちゅう見てますわ」そういう夢のクライマックスで「助けてくれ！」と叫んで、妻を起こすのだ。妻の言う通りで、夢の意味は誰が考えても明らかだった。

だけど、彼は全く夢の意味に関心がなかった。マッチョに競争を重ね、現実と格闘する生き方をしてきたからだろう。心という内面的な存在に気を配り、生き方を調整することは想像もできないようだった。とにかく悪夢を消してほしい、その一点張りだった。だから、自分の心に向き合うようなカウンセリングでは効果が上がりそうになかった。

そこで私は具体的なアドバイスをした。「もっとね、悪夢について大騒ぎしてみたらどうです？　奥さんだけじゃなくて、お子さんとかお孫さんにも心配してもらうといいんじゃないですかね」必要なのは競争を続けることではなく、心が定年することだと思ったからだ。おじいちゃんになって、なんなら介護されることが必要なのだ。すると意外にも彼は喜んだ。「そら、いいですな」きっと夢の話を聞いてほしかったのだ。「サチちゃん、今度来るんで、話してみますわ」

1か月後に再会したとき、彼の表情は明るかった。「孫がね、ドリームキャッチャーを作ってくれたんです」ネイティブアメリカンが使う魔除けのお守りだ。毛糸と輪ゴムでできたお守りを、寝室の窓に貼り付けたら、なんと悪夢を見なくなったという。「ほんま驚いてます。一度、悪夢になりかけたんですけど、魔法を使えたから、壁をすり抜けて、逃げることができました」こんなにうまくいくと思っていなかったので私は驚く。サチちゃん、霊能者なんじゃないか。だけど、彼は一転困った表情をする。「ただ、別荘に泊まった時はあかんかった。またマラソンの夢を見てしもて」妻は失笑する。「サチちゃんにもう1個お守り作ってあげてって頼んでるんですけど、塾で忙しいらしくて」すると、彼は笑う。「お小遣いあげよか、金で解決したろう」おじいちゃんの顔をしているので、私も笑ってしまう。「いいじゃないですか、顧問の力の発揮しどころですよ」

マジカルな力

夢が運んでくれるのは心のクオリア＝質感だ。昼間の心を染め上げている色彩やムードが、夜の夢では物語となり、形となる。彼の場合、体と名刺は定年後を生きていたが、心はまだ競争の世界を生きていた。彼にとってリタイアは人生が終わるような恐怖だったのかもしれない。その質感が「ゴールを見失ったマラソン」という夢になったのだと思う。

人が夢の話をしたくなるのは、夢が心をどこかへと運ぶ乗り物だからだ。他人に心を直接伝えることはできない。それは外界から隔絶された孤独なものだから、同じクオリアを体験してもらうことは原理的にできない。だけど、夢はクオリアこそを運んでくれる。それで妻は彼の定年出来ない心を直感できた。

そして、そうやって他者に心が伝わることそのものにマジカルな作用がある。孫のドリームキャッチャーは、王子様のキスのように、ビジネスマンの呪いを解いて、彼をおじいちゃんに戻してくれたではないか。心は本質的に孤独であるけれど、どこかにたどり着きたいと願って、夢を作り出す。

夢は心を運ぶ。深いところにあったり、あまりに自明になりすぎて見えなくなっていたりする心を少しずつ運ぶ。ときに大切な人に、なにより自分自身に。そんな夢の地味な作業を手伝う。そういう仕事をしている。

脳のせいなのね

童謡「おばけなんてないさ」は大変な名曲だ。おばけにおびえる迷信深い少年が、「寝ぼけた人が見間違えたのさ」と自分を説得する。この歌詞には「おばけはいない、目の錯覚である」という心理学の核心が見事に描き出されている。実際、明治時代のある心理学者は、人々が妖怪のせいだと思っていることは、実は心理的錯覚にすぎないと啓蒙して回った。ちなみに、彼が「妖怪博士」と呼ばれたのは歴史の皮肉だ。

ただし、本当に素晴らしいのは曲の2番以降だ。心理学に目覚めかけた少年は、それでもおばけが存在したらどうしようと想像し始める。最初は「冷蔵庫に入れてカチカチにしちゃおう」と科学的に対処しようと思うのだが、後半になるにつれ、おばけと友達になったら楽しいだろうし、みんなに自慢できるよなぁと盛り上がっていく。

ここには深い洞察がある。心理学は味気ない。目の錯覚で済んでしまうより、おばけがウヨウヨしている方が、世界はずっとカラフルではないか。この点で、アニメ「妖怪ウォッチ」のエンディングテーマ「ようかい体操第一」は素晴らしい。主人公が寝坊したのも、好きな子にフラれたのも、ピーマンが食べられたのもすべて「妖怪のせいなのね」と歌われているからだ。「心のせいなのね」より「妖怪のせいなのね」の方が、ずっと気が楽だ。苦しいことを自分ひとりの問題にしなくて済む。だから、別に妖怪じゃなくてもいい。天気のせいでもいいし、社会のせいだっていい。原因を自分の内側ではなく、外側に見出すと、自分は悪くなくなる。そして実際のところ、問題があなたにないことも多いのである。

どもる心

「の、の、の」と連発してから言葉はようやく形になる。「の、脳が疲れています」50歳になったところで、そして夫が出ていったところだった彼女は言った。背の高い凛《りん》とした女性だった。子どもが大学生になり、一人暮らしを始めた矢先の、予期しない出来事だったから、彼女はひどく混乱し、不安になり、不眠に陥った。

だけど、驚くべき速さで、彼女は回復した。精神科医による投薬治療は適切だったし、生活できるだけの資産があったのも大きかった。彼女は眠れるようになり、前を向いた。気持ちを切り替えて仕事を探そうとした。それなのに、大人になってからは大分和らいでいたはずの吃《きっ》音《おん》が悪化していた。このままじゃ仕事ができないと訴える彼女に、精神科医はカウンセリングを紹介した。「き、き、き、き」彼女は諦めて、別の言葉を探す。「ど、どもるのをなんとかしたい」

当然のことながら、吃音は心が傷ついていることを伝えているのだと私は思った。だけど、彼女は否定した。過去はもういい、気持ちの整理はついた。やることが多すぎて、脳が疲れているだけ。脳のせいなのね。それが彼女の言い分だった。夫と別居してからまだ2か月も経っていなかったから、疲れているのは心ではないかと思ったが、それは言わなかった。

さまざまなことが試みられたが、吃音はなかなかよくならなかった。だから、私たちは次第に吃音や脳以外の話もするようになった。彼女は変わらずに凜としていたが、ときどきなぜ夫が出ていったのかわからないとこぼすようになった。そういうとき、彼女は一瞬弱々しくなった。だからだろう、すぐに脳の話に戻った。

そんなある日の面接、彼女はいつも以上につっかえつっかえ話していた。「こ、こ、こ、こ」ままならない言葉を絞り出そうとして表情がゆがむ。顔色がひどく悪い。「すみません」突然そう言って、席を立つ。トイレへ駆け込む。真っ青な顔で戻ってくると、吐いてしまったと言う。そして「こ、興信所から報告があったんです」と打ち明ける。せき止められていた言葉が流れ出る。意を決して興信所に依頼したこと、夫に親密な女性がいたこと、その人は彼女も知っている人で、昔からの関係だと思われること、二人はすでに一緒に暮らしていること。「これまでの時間はなんだったのかと思うと、の、の、の……」言葉が詰まる。別の言葉に差し替えようとする。「こ、こ、こ……」ダメだ、もう一度差し替える。「む、胸が痛い」

それから、彼女は怒り、そして悲しむことになった。混乱し、抑うつ的になった。苦しい時間だった。だけど、それが心の本来のペースだったのだ。凛とした彼女は消え、傷ついている彼女が姿を現した。その代わり、吃音は徐々に和らいでいった。長い時間をかけて、彼女はもう一度人生を作り直していった。

脳は他者

心は脳で生まれる。悲しみも喜びも所詮はニューロンの発火にすぎない。脳科学者はそう語る。それは科学的には正しい。そして、そう思うと、人生に起こるさまざまな傷つきにしばし耐えることができる。

実際、脳が疲れている方が、心が疲れているより楽だ。そのとき、疲れの中身は凍結されたままで済む。不幸のさなかにいた彼女は、それでも凛と背筋を伸ばすために、傷つきを冷凍し、悲しみを遠ざけておこうとした。その痛みを脳に預かってもらわないと、心がくずおれてしまいそうだった。

脳とは他者なのだ。もちろん身体的には、脳は「私」の一部分でもある。だけど、それはあくまで物質であるから「非私」でもある。脳のせいなのね。妖怪や天気と同じで、「私」だけでは抱えきれない心は、「非私」に置かせてもらえると助かる。

だけど、もし信頼できる人がいるならば、あなたの心をしばしその人の心に置いておくこともできる。すると、心に時間が流れ始める。疲れが傷つきへと解凍される。ふしぎなことだ。

「心のせいなのね」と思えるには、そこにもう一つの心が必要なのだ。

おばけに心を奪われた迷信深い少年が見失っていたのはそれだ。心のせいにしたとしても、世界から自分以外の存在が消えてしまうわけではない。私の心の外には、本当は他者の心もある。もちろん、それは見失われやすい。それが彼女の吃音の正体だったのではないか。他者の心に絶望していたから、言葉はせき止められていた。同時に、彼女は他者の心を求めてもいたから、言葉は流れ出ようともしていた。だから、言葉は自分の内側と外側の境界領域で行きつ戻りつしていたのだ。時間が必要だった。他者をもう一度信じるための時間が必要だった。足を踏み出すか否か逡巡《しゅんじゅん》しているその時間、脳がしばし彼女の心を預かってくれていた。

監督が解脱してはいけない

アドラー、ランク、クライン。……駄目だ、「ん」になってしまった。フロイト、東畑、田畑、田畑。……これも駄目だ、「た」から抜けられない。おお、心理学者しりとり、限界だ。試験が終わるまで、あと1時間もあるというのに、俺は何をしていればいいんだ！

大学教員の最も重要な仕事とは何か。試験監督である。中間テストに学期末テスト、そして追試、と普段も試験だらけだが、なにより入試。コロナ禍でオリンピックすら中止になりそうなご時世でも、入試だけは粛々と行われ続けている。入試こそが私たちの社会を貫く神聖な背骨であったことを思い知らされる。そして、そんな神聖な祭祀《さいし》を執り行うための神官が大学教員なのである。

しかし、試験監督ほどつらいものはない。ときに2日にわたる長丁場になるのに、「試験、はじめ」「あと10分です」「試験、やめ」の三言しかしゃべることがない。スマホをいじるわけにもいかず、本も読めない。暖房の効いたヌクヌクした部屋で、鉛筆の音だけがカツカツと響く。当然ウトウトしてくる。いかん！　最高水準の覚醒を維持して、カンニングを摘発しなくては。そのために、心理学者しりとりを心の中で始める。5分ももたない。こういうときこそ、最終奥義マインドフルネス。原始仏教が開発したこの瞑想法は、「今、ここ」に集中することで、意識の質を高めてくれるという。

スー、ハー。呼吸に全集中。意識が透明になり始める。パタ、パタ。足の裏の感覚に注意を払う。意識がダイヤモンドのように冴え渡る。スィィー、ハァァー。呼吸が最深部に達する。宇宙の輪廻《りんね》がほどける。大日如来が姿を現す。いかん、悟ってしまう！　試験中に解脱《げだつ》してしまいそうになる。

スーパーヴィジョンにて

パンツスタイルが良く似合う彼女が私のオフィスにやってきたのはスーパーヴィジョンを受けるためだった。スーパーヴィジョンとはカウンセリングのトレーニングのひとつで、シニアの心理士に担当しているケースを報告し、助言を受けることをいう。

まだ大学院生だった彼女の口癖は「どうしたらいいですか？」だった。「何が心配なの？」と尋ねると「全部です。これでカウンセリングになっているのか、自分じゃわからない」と困っていた。頭もよかったし、人の気持ちもわかるのに、自信がなかったのだ。

それでも滑り出しは順調だった。クライエントが子どもだったからだ。小学生や思春期の子どもたちは、誠実で丁寧な彼女に心を開いた。カウンセリングで、家庭や学校とは違う体験ができたから、彼らの不調は改善した。「いい仕事してるじゃん」私は褒めた。だけど、彼女は顔をしかめた。「わかりません、偶然だと思います」自信は積み重ならなかった。

事態が深刻化したのは、スーパーヴィジョンが始まって1年が過ぎた頃だった。彼女は初めて成人のクライエントを担当した。同世代の男性だった。彼はほどなくして彼女に恋をした。長い間、対人関係をもたずに生きてきたから、他者を求めていたのかもしれない。だけど、それはひどく不器用な恋だった。毎週のように手紙が送られてくるようになり、面接では百均で買ってきたプレゼントが渡された。彼女は対応しきれなかった。だから、私に正答を教えてもらおうと「どうしたらいいか」と尋ね、言われた通りに次の面接で応答するようになった。

これが彼を混乱させた。スーパーヴィジョンで習った通り「気持ちだけいただきたい」と彼女は伝えるのだが、所詮それは借り物の言葉だったから、彼は自分が拒絶されているのか否かわからなくなった。それで彼はもっと詰め寄らなくてはいけなくなり、彼女は再びスーパーヴィジョンで指示を仰ぐことになった。必要なのは彼女が自らの目で見て、自らの心で応答することだった。だけど、それが難しかった。限界はすぐにやってきた。ある時、混乱した彼がカッとなって拳を振り上げたのだ。殴られる、と彼女は思った。だけど、彼は一瞬躊躇《ちゅうちょ》して、面接室の壁を殴った。

「どうしたらいいか」次のスーパーヴィジョンで彼女はいつもと同じように答えを求めた。「もうやめた方がいい」それが私の答えだった。このままではお互いに悲惨なことになる。二人を守る必要があった。「今のあなたにはこのケースはできないと思う」

彼女は返事をしなかった。重い沈黙が続いた。傷ついているようでもあるし、何かを考えているようにも見えた。だから聞いた。「何を考えていた？」口が開く。「彼はカウンセリングを壊さないために、私じゃなくて、壁を殴ったんだと思います」私もそう思った。「……なのに、私からカウンセリングを壊してしまうのは良くない、と考えていました」それは彼女が自分の意見を持った瞬間だった。自分の目で見る彼女がいたのだ。だから、伝えた。「ならば、何ができるか一緒に考えましょう」それから彼らは長い道のりを歩んでいくことになった。

上の目

試験監督とスーパーヴィジョン。全然違う話に思えるかもしれないが、共通しているのは「上の目」だ。実際、スーパーヴィジョンのSuperは「上」の意で、Visionは「視界」の意だ。どちらも、上から見る仕事なのだ。

このとき、上から見られる方はあまり愉快ではない。「上の目」は監視し、規制し、そして摘発する、恐ろしい存在に感じられるからだ。それであの彼女は考えることそのものを「上の目」に預けてしまったのだろう。

だけど、本当のところ、「上の目」は監視するためではなく、保護するためにある。規制するためではなく、育てるためにある。ここが大人になってみないとわからないところだ。

「上の目」は大人の仕事なのだ。面倒なことも多いし、感謝されないことも多い。それでも、若い人がいつか自分の心の中に「上の目」を持てるようになるために、大人は一時的に「上の目」を引き受ける。

試験監督も同じだ。解脱している場合ではないのだ。カンニングを見逃すとき、鉛筆を落として困り果てている受験生のことも見逃しているからだ。深く息をする。スィィー、ハァァー。ダイヤのように研ぎ澄まされた「上の目」が、困っている受験生を見つける。私はマインドフルに鉛筆を拾う。受験生は会釈だけで感謝を伝え、すぐに私のことは忘れる。答案用紙に没頭する。試験監督もスーパーヴィジョンも、醍醐味はそういう姿を見るところにある。

涙腺モミモミ

周回遅れの話題。ついに見ました、「劇場版『鬼滅の刃』無限列車編」。興行収入歴代1位の看板は伊達《だて》ではなかった。泣いた。いや、泣きまくった。中盤以降、これでもかと泣けるシーンを畳みかけてくるので、涙が止まらないのだ。衝撃的だったのは、カラスが涙を流すシーン。「カラスが泣く！ ギャグではあるまいか」と頭では思っているのに、なぜか悲しくて涙が止まらない。人生で初めて、カラスに共感させられてしまった。超絶マッチョなマッサージ師に、強制的に涙腺をモミモミされている気分であった。

思い出したのが『涙―人はなぜ泣くのか』（日本教文社）。涙研究者のフレイ博士が涙の成分解析を行った本なのだが、面白いのは実験用涙の採取に手こずるシーンだ。タマネギで刺激して涙を流させるのは簡単でも、悲しみの涙を手に入れるのは大変なのだ（この二つは化学成分が違うらしい）。いつでも泣けると豪語していた女優も実験室では泣くことができず、毎日悲しくて涙に暮れている人も、科学者を前にすると泣く気分になれない。わかる気がする。科学に囲まれると、悲しみには場所がなくなってしまう。

結局、博士が選んだのは泣ける映画だった。実験参加者たちは、目の下に試験管を装着して、映画を見る。シチュエーションそのものがギャグなので、どんな悲しい物語もコメディになってしまう気もするのだが、これが大成功。マッドな博士は潤沢な涙を手に入れた。

泣ける映画は恐ろしい。強制的涙腺モミモミによって、泣く気がない人まで泣かしてしまう。とはいえ、そうやって試験管に溜まった涙には、どんな感情の成分が含まれているというのか。

泣く女

「ここに来たら泣けると聞きました」初めて会ったとき、20代後半の彼女はそう言った。銀色のイヤリングがよく似合うビジネスウーマンだった。泣けるカウンセリングオフィス。泣くクライエントばかりではないから、どうにも居心地が悪い評判だと私は思ったが、彼女はすぐに泣き始めた。

彼女には泣ける脚本があった。大事な人に一生懸命尽くした結果、非道にも見捨てられる。この脚本が彼女の人生で何度も何度もリメイクされていた。幼少期には母とのあいだで、その後は教師、友人、上司、そして恋人とのあいだで。「誰もわかってくれない」彼女はそう言って、ボロボロと大粒の涙をこぼした。そして、時間が来ると、ピタッと泣き止み、「スッキリしました」とにっこり笑った。

その後も、彼女の日々では同じ脚本が繰り返され、それを面接室で報告しては泣いた。問題は現実で変化がないことであり、彼女が変化を求めていないことだった。ロングラン公演中の女優のように、彼女は悲劇のヒロインを演じ続けた。

そういう私の思いが伝わったのかもしれない。面接開始から半年が経った頃、彼女は「同じ話ばかりですみません」と謝るようになり、ほどなくして「先生を退屈させていますよね」と言うようになった。泣ける脚本は私を相手役にしてリメイクされ始めていた。そこからは早かった。私はアッという間に、わかってくれず、見捨てる人物になった。「どうせ何を言ったって、先生には関係ないんですよね！」彼女は嗚咽《おえつ》し、イヤリングを外して、床に投げつけた。ドラマの一幕のようだった。実際には、私の対応は標準的なものだったから、あまりに一方的な言われ方だとも思ったが、私はクライエントを泣かせる非道なカウンセラーになっていた。

そんなある日、彼女は例によって泣きながら、イヤリングを投げた。それが意図せず私の頬をかすめてしまった。彼女は慌てた。「あ、ごめんなさい。そんなつもりじゃなかった」急に我に返った彼女がいた。女優は舞台から降りていた。勝負所だった。だから言った。

「あなたが本当に泣きたいのは、僕があなたを見捨てる恋人でも、母親でもなくて、普通のカウンセラーでしかないことなのかもしれない」彼女は固まり、沈黙した。私は続けた。「脚本通りじゃない現実に気づいているのだと思う」彼女は反応しなかった。だけど、その頬を涙が伝った。それはいつもの激しい涙とは違う、静かな涙だった。「お金を払うとき、寂しかったんです。ああ他人なんだって思ってしまうから」彼女は小さく呟いた。「でも、そうやって人間関係をダメにしてきたのかもしれません」

重要な認識だった。舞台はいつか終わる。女優だって、本当の生活は脚本の外にある。あらゆる関係性を泣ける脚本で染め上げてしまったら、ありふれてはいるが良きつながりも、すべて悲劇になってしまう。そうやって、空っぽになってきた自分に気づいて彼女は泣いていたのだった。それから彼女は重く沈み込むようになり、少しずつ現実に触れていった。

涙の3種

涙には3種類ある。一つ目はタマネギによる涙。これは体の生理的反応だ。二つ目は泣ける脚本の涙。これは多くの人と共有できる涙で、わかりやすい不幸に反応して流れる。三つ目は個人的な涙。自分にしかわからない、自分だけの悲しみに触れたときに流れる。

「魂にとっての涙は、体にとっての石鹸にひとしい」というユダヤのことわざをフレイ博士は引用していた。確かに鬼滅の映画を見て大泣きしたあと、心はスッキリしていた。普段動かしていない感情を使ったから、心の体脂肪が燃えたのだ。だけど、多くの場合、その涙は心を変えるわけではない。「ああ、いい映画だった」と思って、私たちはありふれた日常に帰っていく。それでいいし、それがいい。

個人的な涙は違う。それはスッキリではなく、痛みをもたらす。彼女が空っぽな自分に気がついて泣いたように、そういうとき人は悔いて、悲しくなる。抑うつ的になる。だけど、その痛みが、生き方を、そして心を少し変える。今まで見ないようにしていたものが、少し見えるようになるからだ。

タマネギによる涙は、目から異物を洗い流す。そうすることで視界を回復させる。同じように、個人的な涙は、心の目の曇りを洗い流し、心の中を前よりも見えるようにする。そうやって見えるのは、ごくごく個人的な歴史だ。自分だけの物語だ。だから、そういう涙は試験管に溜めて冷凍保存しない方がいいし、化学成分の数値表にされない方がいい。プライベートな場所にひっそり置いておくのがいい。

学者の味噌汁

生臭い話をする。選挙だ。ワタクシ、ただいま選挙の真っ最中なのである。

といっても、国政選挙や地方議会選挙のような華々しい話ではなく、基本心理士ばかりが集う暗めの学会での地味な選挙の話だ。もちろん、当選したところで美味しいことは一つもない。名作ドラマ「白い巨塔」では、学会で偉くなると富と権力の甘い汁を吸えると言われていたが、白い虚構だ。もしかしたら医学界ではそうなのかもしれないが（違うと思うが）、心理の世界では平日夜や週末にまでＺｏｏｍ会議を詰め込まれ、面倒くさい事務仕事メールが大量に送られてくるだけである。

それでも、勝ちたい。なんとしてでも選挙に勝ちたい。大御所から料亭に呼ばれて票読み計算をしたいし、高級クラブで対抗馬を陥れる陰謀を巡らしたい。なんなら風呂敷に包まれた札束を土下座しながら有力者の懐にねじ込みたい。だけど、誰も私をそういう密談の場に招いてくれないから、選挙らしいことが何もできていない。これはいけない。しょうがないので、本誌を使って、選挙活動をさせてもらうこととする。

有権者の皆様、ワタクシを選挙に勝たせてください！　昔からの知り合いが何人も出馬していています。仲が良かった人もいるし、呪っている人もいます。いずれにしても、敗北した日には、「相変わらず、人徳低めだね、バジーは」とせせら笑われるに決まってます。そんな屈辱まっぴらごめん。大勝して「ふふん、人徳ですよ、あなた方と違って」と鼻で笑ってやりたいんです。だから、お願いです。清き一票をワタクシに！

ああ、間違えた！　パッションが先行して、本音を書いてしまった。違う、表向きの出馬理由があったのだ。そっちを聞いてほしい。だから、ここで突然、文体は変わる。

レジェンドは問い続ける

初夏の晴れたある日、志賀島《しかのしま》の船着き場には、ピカピカの高級車ジャガーが停まっていた。「遠くまでよく来たね」もう80代前半のレジェンド臨床心理学者が、まだ25歳だった私を待っていた。これから一泊する予定だった。

キラキラと光るジャガーは、島の細い道をいく。南国の木々の向こうにかわいい家が見えてくる。リビングは雑然としている。レジェンドは麦茶と羊羹《ようかん》を出してくれる。そして唐突に言う。「ところで、心理臨床学なんてものは本当にあるのか、君はどう思う？」真剣なまなざしだった。「K君の言っていることが僕にはまだわからない。だから、教えてほしいんだ」

レジェンドは「日本心理臨床学会」の初代理事長で、私はその学会の仕事で彼のライフヒストリーを聴き取り、広報誌の記事にするために訪問した大学院生だった。それなのに、彼は「心理臨床学とは何か」と本気で問うていた（いろいろと錯綜した歴史があって、そういう名前の学問があるのだ）。

「あなたが作った学会じゃないか」とも思ったが、私は何かを答えたはずだ。だけど、それは自分の言葉ではなかった。この学会の2代目理事長にして、もう一人のレジェンドK先生の影響が色濃い大学院で学んでいたから、普段教員たちが語っていた言葉の口真似をしただけだった。彼が納得するはずがない。

「心理学はわかる。臨床心理学もわかる。だけど、心理臨床学とはなんだ？」彼は問い続けた。「そんなものあるのか？　それは学問なのか？　わからないんだ」

私がインタビュアーのはずだったのに、質問し続けたのは彼だった。出前でとった寿司を二人で食べ、日本酒を飲んだ。風呂を貸してもらい、奥さんの仏壇のある部屋で寝かせてもらった。早朝に起こされ、海岸を二人で散歩した。彼は早足だった。この日もよく晴れていて、潮風が強かった。

その間、彼は一貫して問い続けた。「心理臨床学とは何か？」私は答えようとし続け、そして失敗し続けた。それでも、彼は何かを考えるために、私に問い続けた。

散歩から戻ると、「座っていなさい、朝食を作るから」と言って、レジェンドは台所に向かった。混乱した頭を抱えた私は、ダイニングにひとり残された。そして思った。

レジェンドは私がそれまで出会ってきた「先生」たちとは全く違った。彼らは多くの言葉を持っていて、多くの答えを持っていた。それはもちろん、私にとってまぶしいものだった。だけど、レジェンドにあったのは問いだった。根源的で、そして粘り強い問いだった。彼は問い続け、考え続け、そのために大学院生相手でも真剣に議論し続ける人だった。私の人生で初めて出会った本物の学者だったのだ。

「できたよ、運んでください」レジェンドの声がする。ご飯と漬物、そして味噌汁を運ぶ。味噌汁の具はゴッツゴツしていて大きすぎるし、味は薄かった。そりゃそうだ、老人なのだ。だけど、もちろん残しはしなかった。与えられたものをすべて飲み込みたかった。

塩分控えめ、哲分しっかり

学者とは、知識が広い人のことでも、技術に精通している人のことでも、頭のいい人のことでもない。それらがあってもいいけど、その本質は根源的なことを問い続けるところにある。そして、それを誰彼構わず議論し続けるところにある。ソクラテスと同じだ。学者であるとは、臨床心理学者だろうとなんだろうと、本質的には哲学者であることなのだ。学者の味噌汁は塩分控えめで、哲分しっかりだった。

学者は学会を必要とする。目の前の実用性や政治的・経済的なことを超えて、根源的なことを話し合うための特殊な場所が必要だからだ。「心理臨床学会」で「心理臨床学とは何か」を話し合う。浮世離れしていると言われるかもしれない。だけど、浮世離れすることでしか、根源を問うことはできないのだ。

「そもそも」論を大真面目に語り合える場所でのみ、学問は可能になる。そこでのみ、学者が学者と出会い、議論を交わし、影響を受けたり、与えたりできる。だけど、そういう場所を維持するためには、誰かが選挙に出て、マネージメントを引き受けなくてはならない。かつてはおつかいを頼まれるだけの小僧であった私も、それを引き受ける年齢になったのだ。

ですから、清き一票を！　と最後のお願いを書こうとしたところで、この号が出る頃には投票がすでに締め切られていることに気がついた。ああ、困った。ムカつくあいつに得票数で負けたらどうしよう。というような幼稚なことを、レジェンドたちも考えていたのだろうか。人間だもの、きっと考えていたんじゃないかなと思いながら、今は亡き彼らの冥福を祈る。

また、春

孤独の形

日頃ご愛読いただいている読者の皆様、大変残念なお知らせでございます。この連載、なんと今回を含めあとたった6回で終わり。断っておくが、打ち切りではない。1年間という約束で始まり、1年経った。だから終わる。当初の計画通りである。

いや、違う。知らされていないだけで、これ、本当は打ち切りなんじゃないか。実際は長期連載になる可能性もあったのに、中身がパッとしなかったから、体よく追い払われようとしているのではないか。なんてことだ！　編集者氏は毎回原稿を褒めてくれていたけど、裏では「バジーって冗談を書いてるつもりなんでしょうけど、なんかズレてるんですよね」とかなんとか言って、ケラケラ笑っていたに違いないのだ。ひー、つらい。もう生きていけない。

いやいや、違う。こんな連載、終わってしまったって全然かまいやしないのだ。ネタはずっと枯渇していて、心の引き出しは夜逃げ後のキッチンのように空っぽだったではないか。それでも毎週毎週締め切りがやってくるのが、どれだけつらかったか。連載さえ終われば、いままで我慢していたあれやこれやができるようになるから、人生は超充実するはずだ。だから、連載終了万々歳。

いやいや、違う違う。被害妄想や強がりを書きたかったわけじゃない。本当はただただ悲しい気持ちなのである。毎月振り込まれていた原稿料がなくなるのが悲しい……とまたもや強がりを書いてしまいそうになったが、そういうことじゃないのだ。終わりは悲しい。終わりを目の前にすると、ついついクレイジーな気分になる。それで思ってもいないことを言ったり、やったりして、悲しみを吹き飛ばしてしまいたくなる。

遺言と論文

50代半ば独身の彼女がカウンセリングにやってきたのは、長い介護の果てに父親を失ったのがきっかけだった。遺産のほとんどを弟に譲る、父の遺言にはそう書かれていた。裏切られたのだ。だけど、怒り、責めようにも、その父はもういなかった。やり場のない憎しみは、自分自身を攻撃するしかなかった。その結果、彼女はひどいうつ状態になり、毎日のように死んでしまいたいと思っていた。

しかし、2年間のカウンセリングで彼女は改善した。父への思いは整理され、落ち着きどころを見つけた。仕事にやりがいを感じられるようになり、親密に付き合える友人もできた。自分の人生に対して「これで大丈夫」と思えるようになり、抑うつ的な気分はほぼ消失した。だから、カウンセリングは役割を終えようとしていた。そこで私たちは話し合って、カウンセリングを3か月後に終えることにした。「寂しいですね」と言いながらも、彼女はニコニコしていた。終結を新しい出発のための区切りのように感じているようだった。

だけど、異変は起こった。彼女は、面接に遅刻したり、キャンセルしたりするようになった。それだけではない。以前あった抑うつ的な気分を再び感じるようにすらなっていた。明らかに、終結が彼女を動揺させていた。

そのさなか、彼女は「私のことを論文に書いてほしい」と求めた。戸惑った。最近は論文を書いていなかったし、なぜ彼女がそれを求めているのかまるでわからなかったからだ。だから、難しいと伝えると、彼女はひどくガッカリしたようだった。次の面接は無断でキャンセルし、そしてその次の週にやってきて「今日で終わりにしたい」と言った。二人で決めた終結まではまだ1か月以上あったが、「話すことがなくなりました。私は大丈夫です」と彼女はつっぱねた。

実はそれはカウンセリング開始当初に繰り返されていたやり取りだった。その頃、父に裏切られた彼女は、私にも裏切られることを恐れていた。信頼が芽生える前に、早めにカウンセリングを切り上げようとしていた。回数を重ねることでその不安は徐々に和らいでいったのだが、そのときにあった孤独が再燃していた。

だから、私は伝えた。「昔に戻ったみたい。終わりがあなたを孤独に戻したみたいです」彼女は苦しそうに言った。「東畑さんは本当はせいせいしているんじゃないですか？」はっとした。父の亡霊が今ここにいたのだ。論文に自分のことを書いてほしいという求めは、遺書に自分のことを書いてほしかったというかつての切ない願いだったのではないか。そういうことを話し合いたかったから伝えた。「終わりのあとに、あなたの場所があるとは思えなくて、つらいのだと思う」彼女は涙をこらえて頷いた。

それから終結の日まで、私たちは話し合いを続けることができた。カウンセリングで何ができて、何ができなかったのか。彼女の孤独の何が変わって、何が変わらなかったのか。きちんと別れるためには、二人の間に存在したものと存在できなかったものを確かめる時間が必要だった。それこそが父とはできなかったことだった。

終活しましょう

胸に手を当てて、かつての恋人たちとの別れを思い出してほしい。同じような別れ方を繰り返してはこなかっただろうか。同じような喧嘩をし、同じような状況に陥り、同じような結末に至る。そういう反復にこそ、私たちの孤独の形が現れる。それは多分、別れに直面すると、古い傷が蠢きだすからだと思う。今まで当たり前にあったものが失われるとき、かつての痛手が蘇り、私たちは幾分クレイジーになる。

もちろん、孤独の形はさまざまだ。卒業式での振る舞いが人それぞれ違うように、感傷的になる人もいれば、被害妄想的になる人もいる。何事もなかったかのようにやり過ごす人もいる。そこにその人の心が垣間見える。

だから、カウンセリングは、終えると決めてから時間をかける。終わりに向かっていく時間に現れる孤独を話し合うためだ。孤独はつながりによって解消されるだけが出口ではない。孤独のままであったとしても、孤独であることを理解されることは、その孤独の形を少しだけ変えてくれる。孤独は持ちこたえることができ、味わうことができるものになる。

人は必ず死ぬし、連載も、この本も必ず終わる。だからこそ、私たちは生きてるうちにたくさん話をした方がいい。それが良き終わりのために必要なことだと思うのだ。と書いていたら、あと5回になってしまった。おお、悲しい。あなたも悲しいですよね。だから、終活しましょう。悲しいなぁ。

段ボール国家

数年前、「公認心理師」という国家資格ができたことをご存じだろうか。長年民間資格しか存在せず、法律的には曖昧な位置づけだった心理の仕事が、ついに国家に公認された。業界的には大変喜ばしい出来事だったのだけど、個人的には不満がある。とにかく名前が気に入らない。カッコ悪いと思わないか？

もしかしたら、市役所の食堂にオシャレさを要求するような愚考だと思われるかもしれない。でも、「公認会計士」は結構カッコいい名前ではないか。それは多分、会計が公認であるべきものだからだ。世の中に非公認の会計ばかりがあふれていたら資本主義は壊れてしまう。だから、「公認」と「会計」を組み合わせた名称には清潔な響きがあってよい。しかし、だ。心は公認されるようなものではないんじゃないか。

と、国家反逆的なことを考えつつも、悲しいことに根は小市民。国家資格が欲しくてたまらない。だけど、受験するまでが大変だった。「現任者講習」と呼ばれる過酷な研修を受けなくてはならなかったのだ。朝から晩まで1週間、巨大な会議室に軟禁されて、ひたすら教科書の朗読を聞かされ続ける。その間、スマホをいじることも許されない。幼い頃に悪い山伏に呪いをかけられたせいで、座って授業を聴くことが出来ない体質になってしまった私にとって、この上ない苦行であった。

終わって解放されたとき、私は完全に洗脳されていた。会う人会う人に「なにやってんすか、公認心理師ならそんなことしませんよ」と説教して回るようになっていたのだ。国家おそるべし。決まった型が定められ、そこに心と体をスッポリと収める。公認されるとはそういうことなのだ。「だけど」と私の中の非公認心理師が囁く。「それって、本当に心なのかい？」

ダンボとオタマジャクシ

まだ大学院生だった頃、小学校でアルバイトをしていた。2年生の教室で、授業についていけない子どもの補助をする仕事だった。これがつらかった。山伏の呪いのせいで、先生の話を聴いているとすぐに空想の世界に入ってしまうし、そもそも体がモゾモゾするから椅子に座っていられない。私が一番授業についていけてなかった。

いや、もう一人、不適応の少年がいた。彼は「ダンボ」と呼ばれていた。教室の一番後ろに、彼専用の段ボールが設置されていたからだ。多分、天狗《てんぐ》の呪いがかかっていたのだと思う。ダンボは授業中にふらふら立ち歩き、誰彼構わず話しかけた。注意されると、混乱して収拾がつかなくなった。そういうとき、彼は段ボールの中にひきこもった。

私が段ボールの中へと追いかけると、彼は「あかん、もういやや」と呟きながら、内壁にマジックで落書きをしていた。家や車がたくさん描かれている。聞けば、そこは王国で、ダンボが王様なのだという。「おお、いいなあ」と私が言うと、彼は私の家も描いてくれた。だから、そこは授業についていけない人が亡命する小さな国家になった。私はそこに入り浸るようになった。大人と子どもが段ボールの中でモゾモゾしている。奇妙な光景だったと思う。

だけど、ある日の昼休み、ふざけていた男子たちが、うっかり段ボールを踏みつぶしてしまった。ダンボはペシャンコになった王国を見て言葉を失った。先生は新しいものを用意すると約束したのだが、手に入るのは翌日以降になりそうだった。午後一番の授業、ダンボはいつも以上に教室をウロウロしたが、逃げ込む先がなかった。だから、教室を飛び出すしかなかった。

「追いかけて！」と先生に言われたので、私も走りだす。もちろん、すぐに追いつくのだけど、あえて減速する。「待てー」と言いながらも、ゆっくり走る。教室に戻りたくなかったからだ。

ダンボは廊下を飛ぶように走る。校舎を出て、体育館の横を走り抜ける。裏庭の小さな池にまでたどり着くと、ダンボはしゃがみこんだ。「おるな、オタマジャクシや」

見れば、濁った池一面にオタマジャクシがウジャウジャと泳いでいる。春なのだ。「足生えてるやつ、探そうや」そう言って、ダンボはオタマジャクシを次々と指でつまむ。教室では見せたことのない集中力だった。「すごいじゃん」と私が言うと、ダンボはニカッと笑った。チャイムが鳴るまでまだ時間があったけど、私たちは狩りを続けることにした。シンデレラと同じだ。時計が鳴って、魔法が解けたら、ダンボは不適応の少年に戻ってしまう。私も使えない大学院生に戻ってしまう。どうせいつかは教室に戻らなきゃいけないのだ。だから、もう少しだけ、カッコいいダンボを見ていたかった。

非公認の場所で

無事、国家試験に合格した私は公認心理師になった。だけど、普段仕事で扱っているのは非公認の話ばかりだ。たとえば、頻繁に語られるのが不倫。それは表には出せないプライベートな問題で、病院や市役所では相談できない密かな傷つきだ。そういうものが住所非公開のカウンセリングルームに持ち込まれる。

心はどこにあるのだろうか。段ボール国家の中に、裏庭の池のほとりに、とやっぱり私は答えたい。非公認の場所にこそ、心は姿を現す。

いや、もちろん、心には公認された場所も必要だ。授業にはきちんと参加できた方がいいし、国家資格の講習会は全国一律で運営されるべきだ。名称なんてカッコ悪くてもいいから、公が公としてしっかり存在していることはとても大切だ。段ボール国家は教室の中にあるから良かったわけで、道端に置かれていてもダンボの心を包むことはできなかっただろう。心にはある程度みんなと共通する型があった方が、生きるのが楽だ。

ただし、そこからはみ出る部分もある。そういうごくごく個人的なものを私たちは抱えている。それは教室の蛍光灯の下では、異質で、奇妙なものに見えるかもしれない。だけど、濁った池のほとりでオタマジャクシ狩りをしているときには、同じものが「ダンボらしさ」としてカッコよく見えてくる。その両方とお付き合いをするのが、心と付き合うということだと思うのだ。だから、公認心理師になった今も、私の中の非公認心理師は囁き続けている。「それって、本当に心なのかい？」

憑依と劇場

「ねえ、バジー」「なんだい、マチルダ」「いつかキューバに行ってみたいわ」「ほんとうかい、泡盛ってタイ米からできてるらしいぜ」「あら、私、泡盛は苦手よ。ひどい二日酔いになるもの」「ああ、今年のシカゴ・ブルズは期待が持てそうだな」女はバーカウンターにグラスをそっと置く。「バジー、あなた私の話を全然聴いてないわよね？」険のある言い方だった。男は平静を装う。ウィスキーを一口舐める。「聞いてるよ、マチルダ。俺の全身が耳だ」女はため息をつき、席を立つ。「私はメアリ。二度と話しかけないで」

バジー東畑。カンザス州トピーカのオーセンティックなバーで、馬耳東風を決め込むハードボイルドな日系人。そんなバジーさんが縦横無尽に芸能ニュースを切っていく。そんな連載をしたかった。

かつて、キリスト教作家の遠藤周作は「狐狸庵山人《こりあんさんじん》」を名乗り、臨床心理学者の河合隼雄は「日本ウソツキクラブ会長」を自称して、エッセイを書いていた。普段堅い仕事をしている人がお気楽なエッセイを書くためには、第二の人格があると便利だ。それだけじゃない。第二人格は心を豊かにしてくれる。普段生きていない側面に光が当たり、周りも「あの人だったらしょうがないよね」と優しくしてくれる。彼らはそう語っていた。

だからこそ、バジーさん。これまで八方美人で生きることに汲々《きゅうきゅう》としてきたので、これからは馬耳東風でいこうと決めて、この連載を始めた。それなのに、悲しいかな。名物キャラになった狐狸庵先生に比べて、バジーさんのキャラは薄いままだった。いまいちキャラが立っていないのだ。だから結局、読者にも認知されず、身の回りでも誰も私をバジー扱いしてくれなかった。それで今でも汲々としながら八方美人を続けている。ああ、俺の全身が無念だ。

医療ではなく、神社

ふしぎな話を聴いた。彼女には不登校の娘がいて、その相談でカウンセリングに来ていた。だけど、ある日全然関係のない話をし始めた。

結婚する前、システムエンジニアとして働いていた頃、彼女は不幸だった。大学で情報科学を学び、キャリアを積み重ねようとしていたが、職場にはガラスの天井があって、上司や同僚から冷たい目で見られていた。交際していた男性と別れたのも同じ時期だった。彼も彼の家族も、そして彼女の家族も、家庭に入ることを求めていたけど、彼女が拒否したからだった。

何もかもうまくいかない。今思えば、異常な精神状態になっていた。よく眠れず、いつも不安だった。だけど、彼女が助けを求めたのは医療ではなく、神社だった。仕事の帰り道、小さい頃からよく遊びに行っていた地元の神社に立ち寄るようになったのだ。神を信じているわけではなかった。だけど、なぜか祈るようになった。「神様、助けてください」

残業が長引いて遅くなったある夜のこと、いつものように賽銭箱《さいせんばこ》の前で手を合わせていると、彼女の名が呼ばれた。「○▲×！」恐ろしい声だった。彼女は戦慄した。声は続いた。「◇×●!!」声の主は自分を「神」だと名乗った。

彼女にはその頃の記憶がほとんどない。だけど、世界は劇場になった。神の声が指令を出し、彼女は言われるがままに行動した。職場では上司を叱りつけ、大立ち回りを演じた。家族には「死ぬことになった」と厳《おごそ》かに告げた。みんな、慌てふためいた。彼女は方々の霊能者のところに連れていかれ、先祖の墓を拝んで回った。仕事は辞めることになり、多めの退職金をもらった。そして、最終的に精神科病院に入院することになった。3か月経って退院する頃には、声は全く聞こえなくなっていた。神は去ったのだ。

人生はすっかり更地《さらち》になっていた。30歳だった彼女は無職で、家族はもはや平穏さ以外の何も求めなくなっていた。しばらく休養したのち、彼女は非常勤としてエンジニアの仕事を再開し、その後常勤として採用された。縁があってある男性と結婚し、子をもうけた。仕事を続けながら、子育てをしてきた。そして、娘が不登校になった。「アレがなんだったのか、今でもわかりません」彼女は首を傾げた。私にもわからなかった。なぜ今その話をしたのかもわからなかった。「ふしぎな話です」と彼女は強引にまとめてから、娘が深夜までスマホをいじっている話に戻った。

心のワールドツアー

世間では心は一人に一つだと思われている。だけど、本当のところ、心は複数だ。実際今この瞬間も、私の中には「私」の声もあれば、「バジーさん」の声もある。だから、「私」と書いたり、「俺」と書いたり、一人称がクルクル変わって忙しい。

心は劇場のようなものだ。あなたの心の中には、複数の人物がいて、それらが登場したり、退場したり、喧嘩したり、和解したりと、ドラマを繰り広げている。そのどれかが「本当の自分」というわけではない。どれも本当だし、どれも一部分にしか過ぎない。それらがウダウダと話し合い、交渉したり、妥協したりできたときに、私たちは「自分」をフルで生きていると言えるだろう。

だけど、ときどき、ドラマは心の中に収まらなくなる。憑依された彼女がそうだった。女性として生きることの行き詰まりの中で、彼女の中の「このままでは生きていけない」という声が、「神」という形で姿を現したのだ。それは彼女の環境を「劇」的に変えた。心の劇場がワールドツアーを始めたのだ。世界そのものが劇場になって、周囲の人々を巻き込んだ一大事件になった。昔は良くあったことだが、現代でもときどきそういうことが起きて、カウンセリングでひっそり語られる。

心の登場人物にはきちんとセリフが与えられた方がいい。役割があって、見せ場があった方がいい。一人の役者だけがずっとモノローグをしているドラマはさびしいし、出番がない役者の不満が爆発すると、心の劇場は壊れてしまう。心と心がきちんと対話しているとき、心は無理なく存在していられる。

と書いてきて気づいたが、バジーさんのキャラが薄いままだったのは、そもそも「私」と「バジーさん」に区別がなかったからなのかもしれない。私は昔からずっと馬耳東風だったのかもしれない。おかしいな、普段は全身を耳にして、八方美人をしているはずなのに。

未来を冷遇する

今、これを書いているのは卒業式のシーズン。学生たちがそれぞれの未来へと巣立っていくおめでたい時期。しかし、明暗がある。第1志望の企業に就職を決めて、期待に胸を膨らませている学生もいれば、不本意な就職を余儀なくされて、悔しい思いをしている学生もいる。そもそも就職先が見つからず、春からどうすればいいか途方にくれている学生だっている。同じ大学に4年間通っていても、未来はさまざまだ。当然ではあるのだけど、やはり社会は残酷だと思ってしまう。

一体何が違いを生んだのか。尋ねてみると、納得いく就職をした学生たちは一様に「早め早めにやっていました」と答えた。2年生の頃から情報を集め始め、職種や業界について理解を深める。説明会や短期インターンに参加し、行きたい会社を絞る。3年生になれば、その会社の長期インターンに参加し、顔を覚えてもらう。すると、本格的に就活が始まったときには、すぐに内定が出る。これに対して、うまくいかなかった学生は対策が後手後手に回り、気づけば就活の時期が終わっていたという。

結局、未来を見据えて、準備し、努力しよう、という陳腐な話だ。大学の就職セミナーで口酸っぱく言われているし、下手したら小学生の頃から言われ続けてきた話だ。大昔に偉い学者が見抜いたように、資本主義とは未来のために生きている人を厚遇する社会なのだ。

そんなことはわかってる。だけど、どうしても未来に向かって動くことができない。殺到する現在を処理するだけで精一杯になってしまう。そういう学生たちの話を聴いていると、未来は誰もがもっている当たり前のものではない、と思う。未来が存在するためには、不可欠な前提がある。

ファイナンスとキャリアと血糖値

40代前半の彼は内科の専門医から紹介されて、カウンセリングにやってきた。糖尿病のコントロールをうまくできない、というのが理由だった。インシュリン注射はサボりがちになっていて、食の管理も難しかった。それから、もう一つ問題があった。今の仕事の任期が終わろうとしていたから、新しい仕事を探さなくてはいけなかった。

だけど、本当の問題は、彼がそのいずれに対しても、絶望していたことにあった。糖尿病にせよ、転職にせよ、取り組んだところで意味があるのか。「どうでもいいと思ってしまう」彼は無力感と抑うつの中にいた。

さまざまな事情があったが、そのひとつに大学卒業が就職氷河期と重なった不運があった。

正規雇用からあぶれた彼は長く契約社員や派遣社員として働いてきた。そのことを、彼は自分の能力や努力の足りなさだと責めていた。実際には彼はまじめで、コミュニケーション能力に長《た》けた人だったから、それはフェアな判断ではないと私には思えた。だから、社会が彼を冷遇したせいじゃないかと伝えたこともあったが、あまり響かなかった。

面接は一進一退だった。現実に取り組もうとする彼もいたが、「どうでもいい」と絶望している彼もいた。履歴書を書こうとするのだが、自己の長所欄まで来ると筆が進まなくなった。炭水化物を控えた次の日に、結局暴食してしまった。自分を大切にしようとして、大切にできない。そういう彼について私たちは話し合い続けた。

それでも時は流れる。心は同じところを巡っていても、現実は向こうからやってくる。仕事の任期が迫っていた。だけど、追い詰められた彼に思わぬことが起きた。何人かの知り合いが仕事を紹介してくれたのだ。彼の仕事ぶりと人柄をきちんと見ていた人がいた。彼は驚き、喜び、しかし困惑した。どの仕事を選べばいいかわからなかったからだ。人生は「どうでもいいもの」だったから、これまで流されるようにして生きてきた。だけど今、彼の前には複数の未来が並んでいて、選ばなくてはいけなかった。

悩んだ挙句、彼が始めたのはエクセルだった。月々の食費や住居費などの支出を記し、これから要るものや欲しいもの、そして必要な貯金の額を計算し、エクセルでまとめた。生まれて初めて、彼は自分のファイナンスを把握しようとしたのだ。すると、自ずと選ぶ仕事が見えてくる。それだけじゃない、雇用主と粘り強く待遇の交渉をすることまでできた。近未来を想像し、それを手繰り寄せようとする彼がいたのだ。

3か月後、転職を機にカウンセリングは終わることになった。最終回、私は気がかりだったことを聴いた。「体の方はどう?」彼ははにかんだ。「それがね、不思議なんですけど」どこか誇らしげだった。「なぜかコントロールできるようになってました」食費の計算をし始めた頃から、生活習慣が整い、注射を忘れることもなくなった。血糖値は正常値近くまで下がったとのことだった。主治医も驚いていたらしい。だけど、わかる気もした。ファイナンスとキャリアと血糖値はひとつなぎだ。いずれも自分を大切にすることだからだ。そう思って、彼を見ると、なんだか胸を張っているように見えた。

社会が悪い

未来を生きるために不可欠なのは、希望だ。明日のテスト勉強をするためには、いい点数をとれるかもしれない自分がいないといけない。現在の自分に希望を抱けるからこそ、人は未来を想像し、アクションを起こすことができる。

ありきたりな言葉にすると「自己肯定感」となるかもしれない。実際、あの彼は盛んに「自己肯定感が低い」と言っていた。自分で自分を肯定できないのだ、と。だけど、本来自己を肯定するのは自己ではなく、他者だ。もっと言えば、社会にもその義務がある。

思うのだ。景気の変動で企業が採用を絞る。企業が先行きを見すえ前途ある若者の職を奪う。それがそれぞれの若者の自己責任だとされるから、彼らが未来を想像するための力まで奪われてしまう。それは私たちの社会そのものの未来を奪うことに他ならない。

自分を責めながら卒業していく学生たちを見送りながら、そういうことを思う。声をかけたくなる。君が悪いのではなく、社会が悪い。大切にすべき未来を冷遇する社会が悪い。すると、気づいてしまう。自己肯定感が低いのは私たちの社会そのもので、今社会は未来を想像することも、手繰り寄せることもできなくなっているのではないか、と。

心は二ついる

次回が最終回。書き残したことはないか、ここ数日考えていたのだが、そもそも何を書いてきたか、ほとんど覚えていない。全体の構成や見通しがないままに、日々のうたかたを書き散らかしてきたせいだ。週刊連載にはこれまでを振り返ったり、これからを考えたりする余裕がまるでないのである。

というのは、私たちの生活そのものでもある。障害物競走のように「毎日」が押し寄せてくる。次々と迫ってくる障害物を必死に飛び越え、潜り抜ける。あっという間に1年が過ぎる。自分がどんなハードルを飛んだかなんて、いちいち覚えちゃいられない。生活とは忘却の集積である。

それでも1年という単位で振り返るならば、そこに流れがないわけではない。周囲の人にはわからず、自分でも気がつきにくいけれど、実際には1年前の自分と今の自分には、ちょっとした差がある。その差が3年、5年、10年と積み重なると、流れがクッキリしてきて、河川のように見えるかもしれない。人はそれを歴史とか人生と呼ぶのだろう。

そう思って、振り返ってみると、この連載の前半はコロナの話が多かったけど、後半は「心とは何か」ばかり書いてきたのに気がつく。世の中が大きく変わる中で、心のための場所がどんどん縮小されていると感じていたからだ。「心の援護射撃をしなくてはならぬ」末端心理士ながらそう思った。だから、「それでも心は存在する」と書いてきた。

だとすると、やっぱり最後に答えておく必要がある。それでも心は存在する。でも、一体どこに？

白いイヤホンと白昼夢

その30代の男性はソファに座ってから白いイヤホンを外し、50分間話をすると、再びイヤホンを装着して面接室から出ていった。

映像関係の仕事をしている彼がカウンセリングにやってきたのは、2度目の離婚をして、一人住まいに引っ越したあと、抑うつに襲われるようになったからだった。ただし、カウンセリングが始まってすこし経つと、抑うつはかなり和らいだ。代わりに、自分の作品がどのようなコンセプトで作られていて、それがいかに評価されているかを語るようになった。

彼の話は知的で面白かったから、最初は感心しながら聴いていた。だけど、だんだんとウンザリするようになった。結局のところ、それは自慢話であったからだ。イヤホンを外し、成功を語り、またイヤホンをする。面接はその繰り返しであった。私は何度か、成功譚《たん》の裏側にある傷ついた部分を話題にしようとしたが、彼にはピンとこないようだった。

ある日、彼が帰ったあとのソファに、白いイヤホンケースが残されていた。ポケットから落ちたのだ。次のクライエントが帰った後に、忘れ物を伝えるメールをすると、すぐに返信があり、その日のうちに彼はわざわざ仕事先から取りに来た。

次の週に彼は詫び、「あれがないと、充電できないから困るんです」と言って、四六時中イヤホンでダンスミュージックを聴いているのだと明かした。そして「音楽を聴きながら、作品が絶賛されているところを考えています。そうすると、気分がアガるから」と恥ずかしそうに付け加えた。

白昼夢があったのだ。話題はいつもの成功譚へとすぐに移ったが、私は今まで感じていたウンザリが、本当はさみしさであったことに気がつき始めていた。彼のかつての妻たちの気持ちがわかる気がした。彼は白昼夢の中で一人満ち足りていて、同じ部屋にいても私はその空想のオーディエンスでしかない。それがさみしかった。

さみしい気持ちのままで、彼の話にしばらく耳を傾けた。すると、ふと思う。このさみしさは本当は彼のものなんじゃないか。心の中には誰からも相手にされない彼がいて、それをかき消すために作品の成功を必死に語っているのではないか。離婚後に彼が直面したのはこのさみしさだったのだ。そう思うと切なくなった。さみしさは悲しさに変わっていた。

だから、話の切れ目に伝えた。「本当はまだ、うつなんじゃないですか？」彼は沈黙した。

「それを音楽と空想でごまかしているんだと思う」彼は苦しそうに答えた。「……明け方につらくなる。ずっとこのままひとりなんじゃないかと思ってしまう」その時間、私は、傷ついて弱っている彼と一緒に居ることができた。

それから、彼は少しだけ変わった。成功譚は続いていたが、結局いつも人が離れていってしまう自分を時折振り返れるようになった。そういう日の彼は、イヤホンをつけることなく、部屋をあとにした。

振り返れば心がいる

心はどこにあるのか。脳にも、心臓にも心はない。顕微鏡を覗いても、X線を使っても、そこに心は映らない。心を見ることができるのは心だけだ。心はもう一つの心の中でのみ存在することができる。

ふしぎなことを言っているように聞こえるかもしれない。だけど、思い出してほしい。私たちの心を最初に発見したのは、他者だったではないか。私たちが自分の心に気づく前に、周りの大人が「お腹減ったんだね」とか「気持ちいいのね」と気づいてくれた。私たちの心は誰かの心の中で発生する。そういう体験が積み重なって初めて、ようやく自分を振り返れるようになる。自分の心で自分の心の苦しみや喜びに気づけるようになる。

だけど、彼がイヤホンで心を塞いでいたように、私たちは自分の心をかき消しもする。そういうとき、居場所を失った心は外に漏れ出す。彼の代わりに私がさみしくなっていたように、苦しい気持ちを感じるのが苦しいとき、私たちは周りを苦しくさせる。苦しんでいる自分を殺さないための切ないやり方だ。

だから、私の心に彼の心を置き、それから彼に戻す。一旦預かるのが大切だ。すると、次は自分で自分の心を振り返れるようになるかもしれない。心に心を置いておけるようになるかもしれない。この繰り返しが対話の本質だと思う。

生活は忘却の集積だ。それでいい。常時心と向き合っている余裕は現代の私たちにはない。それでも心は存在する。ときどきでいい。振り返れば心がいる。思えば、そういう1年だった。文章を書き、読んでもらう。ここには心が二つある。私の心と読者であるあなたの心だ。心が一つ存在するために、心は必ず二ついる。

オレンジの傘で

ピンポーン。玄関の古びた電子チャイムが鳴る。私はドアを開け、クライエントを迎え入れる。小雨が降っている。彼女はオレンジ色の傘についたしずくを入念に払ってから、入室する。

「じゃあ、はじめましょうか」彼女が灰色のソファに落ち着いた頃合いを見計らって、私は伝える。いつものセリフ。彼女は確認する。「今日で最後でしたね、何を話そうかな」

50代前半の彼女は、この3年間、毎週欠かさず、金曜午後の面接に通ってきていた。きっかけは高校生の娘の不登校だった。だけど、結局私たちが話し合い続けたのは、娘を無自覚に傷つける夫のことだった。そして、同じようにして夫に傷つけられてきたけど、そのことに気がつかずに生きてきた彼女自身のことだった。

苦しいカウンセリングだった。それまで理想的な人だと思っていた夫の影の側面を知り、幻滅していく時間になったからだ。難しいことがたくさん起こった。葛藤が起き、衝突が生じ、何度も絶望した。そういうことを毎週話し合ってきた。

3年経った。娘は高校に行くようになった。夫とは離婚することになった。娘は大学進学のために、夫は新しい生活を始めるために、家を出ていった。残ったのは彼女一人だった。彼女は20年ぶりに仕事を始めることになった。昔の同僚と偶然再会したことをきっかけに、新しいことを始めようと思ったのだ。そのタイミングで、カウンセリングは終わることになった。ステージが変わったのだ。

変わりましたか?

「私は変わりましたか?」彼女は尋ねた。初めて彼女と会った時のことを思い出した。その日も雨が降っていて、彼女はビニール傘のしずくを払っていた。おどおどしながら娘のことを語り、ひどく自分のことを責めていた。「変わったんじゃないですか?」私は伝えた。「最初は全部自分が悪い、と思っていましたね」彼女は少し笑った。「そうでした。悪者は他にもいました」

この3年間のことを二人で振り返った。夫に幻滅する時間とは、彼に支配されることで奪われていた自分の力を取り戻していく時間でもあった。彼女は自分の考えがあったことを知り、夫に抗して行動してもいいことを知った。独身時代、デパートでオシャレな傘を探すのが好きだったのに、気づけばコンビニのビニール傘を買うようになっていた自分に気がついた。だから、ある日、彼女は久しぶりにデパートで高価な傘を買った。「今日ももってきちゃいました」彼女はおかしそうに笑った。「あれが剣になりました」そう、そのオレンジの剣で夫と戦い、娘を守り、財産分与を勝ち取ったのだ。

だけど、彼女の表情は突然硬くなる。「でも、私は本当に変わったのでしょうか?」難しい質問だった。「本当」と言われると、途端にいろいろなことがわからなくなる。彼女は続けた。

「結局、母みたいに生きてる」

彼女の母親は離婚して、ひとりで彼女を育ててきた。強いけど、孤独な人だった。彼女はそういう母に感謝もしていたが、母の孤独に傷つけられてもきた。だから、彼女は孤独にならないように生きようとして、夫の支配を許すことになった。

恨めしい彼女がいた。3年かけて得たものは孤独だった。彼女はそう訴えていた。それは確かに現実だった。だけど、その恨めしさにはもう一つの現実が含まれていることに私は気がつく。彼女は「今、ここ」の痛みも訴えている。そう思った。私たちはもう会わない。孤独は私たちの目の前にもあった。だから伝えた。「ここの終わりも痛い」彼女は頷く。「でもね、前に進むべきときだったのも、本当です」私も頷く。本当にそうだと思ったから。

「時間ですね」私のいつものセリフ。彼女は財布からお札を取り出す。私は領収書を手にする。その二つを交換する。そのとき、彼女は言う。「本当は離婚したくなかったんですよ」私は応える。「うん、わかっていますす」彼女は微笑み、そして深く礼をする。部屋を出る。扉が開く。まだ雨が降っている。オレンジの傘が玄関の外で開くのが見える。夕日みたいだ、と思うけど、扉は閉じるから、すぐに見えなくなる。

終わりは報酬

彼女を見送ると、事務室に戻る。一服するために、ベランダに出る。加熱式タバコをくわえて、水蒸気の煙を吐き出す。雨は降っているし、見えるのはいつもの雑居ビルだけど、心なしか世界は明るく見える。思う。

終わりは良いものだ。

少なくないカウンセリングが、最初にクライエントが思い描いていたのとは異なる未来にたどり着く。あってほしかったものが失われ、想像もしていなかったものを手にする。彼女が夫を失い、オレンジの傘を手に入れたように。

心が現実と向き合い、それを飲み下そうと格闘すると、そうなる。様々な限界と折り合うために、古い願いを埋葬し、新しい希望に手を伸ばさざるをえなくなる。その結果、思いもかけない、いびつな生き方になるかもしれない。それでも、そこにその人のオリジナルな人生がある。長いカウンセリングの終わりに、心には深い創造性があることをいつも感じる。

終わりはこの仕事の報酬だ。この仕事をやっていてよかったと思える時間だ。大団円ではない。できたこともあれば、できなかったこともある。それでも、二人で話し合って、区切りをつけた。そのこと自体に静かな満足感がある。いろいろな気持ちを抱えながらも、それでもきちんと別れを惜しめた。幸福なことだと思う。

いい時間なのだ。タバコを吸いながら、この一人の時間をかみしめる。心理士にはときどきそういう時間がある。いや、あなたにもあったはずだ。別れのない人生はなく、人生には嫌な別れもあるけど、よい別れもある。だから、あなたにもわかってもらえるんじゃないか。この本もあと少しで終わる。あと何行か書き終えたら、きっとそういう静かな時間が待っている。

雨が降り続いている。タバコを吸い終わる。コーヒーを一口飲んでから、スマホをチェックする。一通メールを返そうかと思ったところで、チャイムが鳴る。ピンポーン。扉を開ける。私の心は切り替わる。この個室に、次の心を迎え入れるために。

あとがき

この本は尻尾を食べている蛇によく似ている。

舞台裏を描いた序文で幕を開けたサーカスは、春、夏、秋、冬、春と季節をめぐって幕を下ろす。すると、再び舞台裏の序文に戻る。

はじまりと終わりが連結しているから、グルグルと回転できるようになっているのだ。

眠れない夜に読む本としては、悪くないんじゃないか。中身はどうあれ、少なくとも眠りが来るよりも先に、本が終ってしまう心配だけはない。

そういう意味では、このあとがきは尻尾を咥《くわ》えた蛇に足を生やすような愚挙に思えて、はばかられるのだが、2点だけ簡潔に書き残しておきたい。


ひとつは、この本で書かれたクライエントたちのエピソードについて。

心理士とは秘密を扱う職業である。ごくごく個人的で、誰にも知られていない思いにこそ、心は宿るわけだから、専門家として実際の事例をそのまま書くわけにはいかない。だから、おはなしを「創作」した。

いや、それは創作というよりも、夢に似ている。夢は心のクオリアだけを運ぶ乗り物だと書いた。同じように、これまで出会ってきたクライエントたちの心のクオリア――絶望や孤独、不安や憎しみ、勇気や安心、知恵や愛――だけを残して、具体的なファクトはすべて組み換え、入れ替え、鋳直《いなお》すことで、これらのおはなしたちは生まれた。

ただし、一つのエピソードだけは、細部の具体的な事実にこそ心が宿っているように思われたため、ファクトを書かせてもらった。多忙な中、原稿をお読みいただき、誰かの役に立つならば、と掲載の許可を下さったそのクライエントに心より感謝します。


もうひとつは、そのようにして書かれたおはなしたちが、読者であるあなたのおはなしを呼び起こすものであって欲しい、と心より願っていることだ。

誰かの小さすぎる物語がまったく異なる境遇にある別の誰かの小さすぎる物語を喚起する。おはなしには別のおはなしを呼び覚ます深い力がある。

これこそ、かつて臨床心理学が原理とした力であったし、私をこの学問に引っ張り込んだ力であった。

おはなしを触発するおはなし。この学問に、そして私たちの社会に、そういうものを産み出す力がまだ生きていることを信じて、この本は書かれた。

＊

最後に謝辞を。

週刊誌連載は思っていたよりもずっと過酷で、ときに災厄のようですらあったが、北澤平祐氏のユーモアと詩情が溢れる挿絵に幾度も励まされた。

週刊文春編集部の桒名《くわな》ひとみ氏と波多野文平氏には連載中はもとより、単行本化に際しても多大なバックアップを頂いた。

単行本化にあたっては、クイックオバケ氏がこの本の世界をイメージアップする素晴らしい装画を書いてくださった。

精神科医の熊倉陽介氏、心理士の山崎孝明氏、堀川聡司氏という同世代の心の専門家からは、連載中の草稿段階から多くのアドバイスとアイディアを頂いた。

これらの方々の御助力によって、この本は世に出る。

２０２１年６月　いつものルノアール、禁煙席にて

東畑開人

Good bye

装画　クイックオバケ
装丁　野中深雪

本書は、「週刊文春」２０２０年5月7・14日号〜
２０２１年4月29日号掲載の「心はつらいよ」を改題・加筆修正したものです。

東畑開人（とうはた・かいと）
臨床心理士・公認心理師。博士（教育学）。1983年生まれ。2010年京都大学大学院教育学研究科博士課程修了。精神科クリニックでの勤務を経て、14年より十文字学園女子大学に勤務、現在准教授。17年に白金高輪カウンセリングルームを開業。著書『居るのはつらいよ』（医学書院）で第19回大佛次郎論壇賞、紀伊國屋じんぶん大賞2020大賞を受賞。他に『野の医者は笑う』『日本のありふれた心理療法』（ともに誠信書房）など。

心《こころ》はどこへ消《き》えた？

二〇二一年九月　十　日　第一刷発行
二〇二三年十月二十五日　第六刷発行

著　者　東畑開人《とうはたかいと》
発行者　大松芳男
発行所　株式会社 文藝春秋
〒一〇二―八〇〇八
東京都千代田区紀尾井町三―二三
電話　〇三―三二六五―一二一一

印刷所　精興社
製本所　加藤製本
組　版　萩原印刷

ISBN978-4-16-391430-5